환경정의,
니가뭔지
알고시퍼

우리와 다음을 생각하는
청소년 환경정의 교과서

환경정의연구소 **기획** ··· 반영운 이진우 유정민 고정근 이상헌
김신범 김민정 이지영 신권화정 박명숙 박병상 박은진 박용신 **지음**

이매진

환경정의, 니가 뭔지 알고 시퍼

우리와 다음을 생각하는 청소년 환경정의 교과서

지은이 반영운 이진우 유정민 고정근 이상헌 김신범 김민정 이지영 신권화정 박명숙 박병상 박은진 박용신

기획 환경정의연구소 **펴낸곳** 이매진 **펴낸이** 정철수

처음 찍은 날 2014년 9월 19일 **등록** 2003년 5월 14일 제313-2003-0183호

주소 서울시 마포구 성지5길 17, 301호(합정동) **전화** 02-3141-1917 **팩스** 02-3141-0917

이메일 imaginepub@naver.com **블로그** blog.naver.com/imaginepub

ISBN 979-11-5531-056-4 (03300)

일러두기

– 한글 전용을 원칙으로 했고, 독자의 이해를 도우려고 인명, 지명, 단체명, 정기 간행물 등 익숙하지 않은 이름은 처음 나올 때 원어를 함께 썼습니다. 주요 개념이나 한글만으로는 뜻을 짐작하기 힘든 용어도 한자나 원어를 함께 썼습니다.

– 단행본, 정기간행물, 신문에는 겹꺾쇠(《 》)를, 논문, 영화, 방송 프로그램, 연극, 노래, 그림, 오페라 등에는 홑꺾쇠(〈 〉)를 썼습니다.

• • • • •

이 도서의 국립중앙도서관 출판시도서목록(CIP)은 서지정보유통지원시스템 홈페이지(http://seoji.nl.go.kr)와 국가자료 공동목록시스템(http://www.nl.go.kr/kolisnet)에서 이용하실 수 있습니다.(CIP제어번호: CIP2014026625)

차례

책을
펴내며 환경정의가 뭔지 알아볼까요 7

1장 환경정의의 정의
혜택도 샘샘, 피해도 샘샘 반영운 11

2장 온실가스와 환경정의
1 대 625, 뜨거운 지구가 좋아? 이진우 21

3장 핵발전소와 환경정의
2만 4000년이라는 세월은 너무도 길어! 윤정민 41

4장 에너지 빈곤과 환경정의
가난한 사람들이 더 비싼 에너지 쓴다고? 고정근 57

5장 쓰레기와 환경정의
오늘 내가 버린 쓰레기는 어디로 가는 걸까? 이상헌 67

6장 화학 물질과 환경정의
지역사회 알 권리? 지역사회 살 권리! 김신범 79

7장 공장과 환경정의

소리 없이 세상을 움직이려면 쇳가루 마셔라? 김민정 93

8장 대기 오염과 환경정의

먼지가 되어 날아가야지 바람에 날려! 이지영 109

9장 아토피와 환경정의

아토피는 유전이 아니라고? 신권화정 119

10장 먹거리와 환경정의

채소랑 과일 얼마나 자주 먹니? 박명숙 129

11장 생명 공학과 환경정의

우리 유전자 안에 우리 있다? 박병상 143

12장 숲과 환경정의

옥상 텃밭 찾아온 꿀벌 봤니? 박웅진 157

13장 4대강과 환경정의

녹조 라테 제조기 4대강 보가 홍수 막아줄까? 박용신 167

참고 자료 175

환경정의가 뭔지
알아볼까요

인간은 누구나 깨끗한 환경에서 살 권리가 있다. 불결하고 위험한 환경에 노출되지 않을 권리도 있다. 다른 사람이나 거대 권력 때문에 이런 권리를 빼앗기거나 강요당할 때 우리는 '부정의'하다거나 '불평등'하다고 말한다. 우리 사회는 이런 불평등한 일이 많이 일어난다. 특히 사회에 필요하지만 위험한 시설, 곧 쓰레기 매립장 같은 환경 혐오 시설이 보통 가난하고 소외된 계층이 사는 지역에 들어서는 현상을 '환경부정의'라고 한다. 이렇게 부정의한 현상은 한 국가를 넘어 국가 사이에서 일어나기도 한다. 강대국이나 거대 자본이 자기 나라에서 문제가 되는 위험 물질 등을 저개발 국가에 지원하는 기술이나 상품에 끼워 함께 수출하는 버릇도 국가 사이의 환경부정의다. '환경정의'란 "현재 세대와 미래 세대의 모든 사회 구성원이 어떤 조건에서도 환경의 혜택과 피해를 누리고 나눌 때 불공평하게 대우받지 않고, 공동체의 문화와 역사, 주변의 생명체가 지속 가능하게 공존하게 하는 것"이다. 여기서 인간만이 아니라 주변의 생명체까지 지속 가능한 공존을 할 수 있게 하는 것이 중요하다. 한 국가나 공동체는 어떤 기술을 개발할 때 이런 내용을 깊이 고려해야 한다.

우리는 환경정의가 우리의 삶 구석구석에 어느 정도 배어들고 있는지 살펴보고, 만일 그렇지 않다면 환경정의를 어떻게 달성할 수 있는지 대안을 찾아보려고 이 책을 썼다. 특히 자라나는 청소년에게 자신은 물론 자신이 몸담은 공동체가 여러 환경 부문에서 공평하게 대우받고 남들도 공평하게 대우하는 길을 알려주려 한다. 이런 뜻에 함께한 여러 사람이 잘 아는 분야를 나눠 글을 썼다. 먼저 환경정의의 개념과 역사를 살폈다. 둘째, 기후변화에서 비롯되는 책임과 피해를 어떻게 정의롭게 다룰지 알아봤다. 셋째, 핵발전소를 둘러싼 문제를 정의의 시각에서 살펴보고 해결책을 찾아봤다. 넷째, 에너지 사용에 관련된 불평등한 현실을 돌아보고 이런 문제를 해결할 길을 살펴봤다. 다섯째, 쓰레기 처리에 관련된 불평등을 알아보고 해결책을 찾아봤다. 여섯째로 화학 물질 사고와 주민의 알 권리 문제를 다루고, 일곱째로 산업단지와 비산업단지 사이의 환경 오염 차이와 산업단지 안 지역 사이의 불평등을 살펴봤다. 여덟째, 대기 오염 피해가 미성년자에게 집중되는 불평등을 알아봤다. 아홉째, 생물학적 약자와 사회적 약자가 아토피에 불평등하게 노출되는 현실을 살펴봤다. 열째, 가난할수록 철분이나 칼슘 같은 주요 영양소가 부족한 먹거리를 먹는 먹거리 불평등 문제를 다뤘다. 열한째, 후손의 생명을 재료로 현세대의 생명을 유지하는 생명 공학의 불공평 문제를 살펴봤다. 열두째, 도시 사람이 살아가는 공간에 숲이 자리한 비율과 이용하는 정도가 불평등한 현실을 살피고 대안을 찾아봤다. 마지막으로 4대강 사업이 홍수와 가뭄을 막을 수 없을 뿐 아니라 오히려 환경과 생명을 파괴하는 현실을 살펴보고 대안을 알아봤다. 아무쪼록 이 책이 청소년에게 '환경정의'에 관한 바른 지식을 알리고 길잡이 구실을 할 수 있기를 바란다.

반영운(환경정의연구소장, 충북대학교 도시공학과 교수)

혜택도 샘샘,
피해도 샘샘

반영운
(환경정의연구소 소장, 충북대학교 도시공학과 교수)

1970년대 후반부터 개발의 부산물인 환경 오염(대기 오염과 토양 오염 등)과 오염 물질을 처리하는 시설들(위험 쓰레기 처리 시설이나 쓰레기 매립장 등)이 주로 흑인 거주지와 저소득 계층에게 불평등하게 몰려 있다는 연구 결과가 나오면서 미국 사회는 큰 충격을 받았습니다. 상황은 좀 다르지만 한국도 산업화가 본격 진행되면서 환경 문제가 심각해졌고, 환경 피해도 사회적 약자나 경제적 약자, 생물학적 약자에 집중되고 있습니다. 흔히 어떤 곳에 환경 혐오 시설이 들어서려 할 때 나타나는 '님비NIMBY, Not In My Backyard 현상'이 바로 이런 현실을 잘 보여줍니다. 요즘 우리가 살아가는 지구의 물, 공기, 땅이 오염이 심해지고 자연재해가 잦아지는데다, 피해도 점점 커지고 있습니다. 그런데 이런 피해도 가난한 나라나 지역에 몰려 있습니다. 우리는 이런 현실을 뭐라고 불러야 할까요? 왜 이런 일이 생길까요? 어떻게 해결할 수 있을까요?

환경정의? 환경부정의?

환경 오염이나 자연재해가 어느 한 지역이나 사람들에게 불공평하게 나타나는 현상이 '환경부정의'입니다. 그렇다면 환경부정의의 반대 개념인 '환경정의'는 뭘 말하는 걸까요? 환경정의에 관련된 용어는 환경인종주의Environmental Racism, 환경 평등Environmental Equity, 환경정의Environmental Justice 등이 있습니다.

먼저 환경 인종주의는 "유색 인종이 독성을 가진 해로운 쓰레기에 노출되는 과정에서 불공평한 보호를 받고 지역사회에 영향을 미치는 환경 관련 의사 결정에서 조직적으로 소외되는 것"을 말합니다. 인종차별주의라는 미국의 특수한 상황에서 발달한 개념인 환경인종주의는 소수 민족, 특히 흔히 흑인이라고 부르는 아프리카계 미국인이 주로 사는 지역이 백인이 사는 지역보다 환경 피해에 더 많이 노출되고 있다는 실증 자료에 바탕을 두고 있습니다. 둘째, "소수 민족 지역 공동체가 불공평한 공공 정책과 환경 위험에서 불평등하게 보호받고, 환경 규제와 법이 느슨하게 집행되며, 정화 작업이 늦어지고, 유해 폐기물 처리 시설의 입지가 차별적으로 결정되는 문제 등으로 고통받는 것"이 환경 불평등입니다. 따라서 환경 불평등의 반대는 '환경 평등'이라고 부릅니다. 미국 슈퍼펀드 부지 정화 프로그램에서 백인 지역에 있는 위험 쓰레기 매립지

보다 흑인 지역에 있는 매립지가 대상 부지로 지정되는 확률이 더 낮은 상황이 바로 환경 불평등입니다. 셋째, 환경정의는 "공공 정책을 수립하고 집행하는 과정에서 인종이나 가계 소득 수준 등에 관계없이 공평하게 대우받는 것"을 말합니다.

그런데 이런 개념들이 인종 문제가 심각한 미국에서 발전된 사실을 먼저 생각해야 합니다. 또한 환경정의를 법적으로 정의하고 설명한 미국 환경청은 사람을 중심에 놓고 있습니다. 한 지역사회의 주민은 환경이 주는 혜택을 누리고 피해를 나누는 과정에서 동등한 대우를 받아야 하며, 이런 의사 결정 또한 다양한 이해관계자들의 참여를 보장하면서 공평하게 진행돼야 한다는 설명은 사람이 아닌 다른 존재의 권리는 전혀 말하지 않습니다.

문제를 알아차린 여러 학자들은 환경정의의 개념을 지속 가능한 발전으로 좀더 폭넓게 정의하고 있습니다. 미국 미시간 대학교의 버니언 브라이언트Bunyan Bryant 교수는 환경정의를 "한 지역 주민들이 자기 지역의 환경이 안전하고, 충분한 영양분을 공급하며, 보호받고 있다는 확신을 갖고 서로 상호 작용할 수 있는 지속 가능한 마을을 지원하는 문화적 규범과 가치, 규칙, 법규, 행위, 정책, 의사 결정"이라고 정의합니다. 이런 정의에 덧붙여 브라이언트는 모든 사회 구성원이 공평하게 대우받는 공동체가 나타날 수 있는 상태를 환경정의가 널리 고르게 실현된 사회로 설명합니다. 사회적 약자나 경제적 약자는 말할 것도 없고 생물학적 약자와 무생물의 문화도 존중되는 공동체가 형성돼야 진정한 의미에서 환경정의가 실현된 세상이라고 할 수 있습니다.

제 생각도 비슷합니다. 환경정의는 "현재 세대와 미래 세대의 모든 사회 구성원이 어떤 조건에서도 환경이 주는 혜택과 피해를 누리고 나누는 과정에서 불공평하게 대우받지 않게 하며, 공동체의 문화와 역사, 주변 생명체가 지속 가능하게 공존하게 하는 것"입니다.

환경정의의 정의

환경의 혜택을 누리고 피해를 나누는 과정은 인종과 소득에 따른 차별 없이 동등해야 하며, 이런 의사 결정 또한 다양한 이해관계자들의 참여를 보장하면서 공평하게 진행돼야 합니다. '환경정의'는 현재 세대와 미래 세대의 모든 사회 구성원이 조건이 어떻든 환경이 주는 혜택과 피해를 누리고 나누는 과정에서 불공평하게 대우받지 않고, 공동체의 문화와 역사, 주변 생명체가 지속 가능하게 공존하게 하는 것입니다.

연구와 운동의 이인삼각 — 환경정의의 탄생과 역사

환경정의에 관련된 연구와 운동은 1980년대 중반에 미국에서 시작됐습니다. 빌 클린턴 정부 때까지 활발히 진행되던 환경정의 운동은 조지 부시 정부가 들어서면서 조금 잠잠해졌습니다. 한국은 1990년대 후반 경제정의실천시민연합(경실련)의 환경개발센터에서 독립한 '환경정의시민연대'((사)환경정의)를 중심으로 환경정의 운동을 활발히 펼치고 있습니다. 1970년대 중반 백인 거주 지역보다 저소득층이나 흑인 거주 지역에서 대기 오염이 심하게 나타난다는 연구 결과가 발표하면서 관심을 끌기 시작한 환경정의 운동은, 1980년대 초반부터 유해 폐기물 처리 시설이 흑인을 비롯한 소수 인종과 저소득층 거주지에 몰려 있다는 사실이 확인되면서 본격적으로 시작됐습니다.

발암 물질 PCB를 운성하는 덤프트럭 앞에 드러누워 저항하는 워런 카운티 주민들(자료: http://sites.duke.edu).

특히 1982년에 미국 노스캐롤라이나 주 워런 카운티에서 발암 물질인 폴리염화바이페닐PCB, Polychlorinated Biphenyl 매립장을 둘러싸고 벌어진 저항 운동을 계기로 환경정의 운동이 불붙었습니다. 그 뒤 1980년대 후반까지 여러 유해 물질을 둘러싼 환경 오염 사례가 보고되면서, 이런 문제를 해결할 방법을 찾으려는 시민단체, 주민, 전문가들이 열심히 참여하기 시작했습니다. 이런 노력 덕분에 환경정의가 법적 근거를 갖출 수 있었습니다. 클린턴 대통령은 1993년 지구의 날에 연방 정부 기관이 환경정의 운동에서 제기된 문제들을 해결할 수 있게 대통령 행정 명령을 제정하겠다고 약속했습니다. 1년이 지난 1994년 12월에 행정 명령 12898호가 발표돼 연방 정부가 정책을 입안하고 실행하는 과정에서 환경정의를 고려하게 됐습니다. 특히 환경 문제를 둘러싼 환경정의를 실현하려고 환경청에 환경정의국을 둬 환경정의 정책을 본격적으로 실행했습니

미국에서 시작된 환경정의 운동은 유해 폐기물 처리 시설의 입지가 흑인을 비롯한 소수 인종과 저소득층 거주지에 몰려 있다는 사실이 확인되면서 활발해졌습니다. 특히 1982년 노스캐롤라이나 주 워런 카운티에 건설되는 발암 물질 피시비 매립장을 둘러싸고 벌어진 저항 운동을 계기로 불붙었습니다. 그 뒤 환경정의를 실현하려는 운동이 적극적으로 펼쳐졌고, 빌 클린턴 대통령은 환경정의 운동이 제기한 여러 문제들을 해결하려고 1994년 12월에 행정 명령 12898호를 발표했습니다. 그 결과 연방 정부가 정책을 만들고 실행하는 과정에서 환경정의를 중요하게 고려하게 됐고, 특히 환경 문제를 둘러싼 환경정의를 실현하려고 환경청에 환경정의국을 두면서 본격적으로 환경정의 정책이 실행됐습니다.

다. 정부 부처는 환경정의 지침을 세워 정부 정책에 환경정의 이념을 반영했고, 환경청은 환경정의를 위한 시민 교육, 시범 사업, 환경정의 지표 개발 등 다양한 사업을 벌였습니다. 그러나 1990년대 후반 부시 정부가 출범하면서 환경정의는 정책 우선순위에서 밀려나고 맙니다.

한국에서는 1980년대에 환경운동이 활발히 펼쳐지면서 환경 오염 문제를 해결하려는 노력이 다양하게 벌어졌습니다. 그런데 대기 오염, 수질 오염, 토양 오염 등 자연환경의 보존을 중심으로 환경운동이 진행되면서 사회적 약자와 경제적 약자나 생물학적 약자가 환경 피해에 불공평하게 노출되는 문제를 소홀히 여겼습니다. 그러다 1990년대 후반 환경정의시민연대가 출범하면서 한국에서 처음으로 환경정의를 환경운동의 전면에 내세웠습니다. 한국도 미국처럼 경제적으로 뒤처진 농어촌과 도시 주변 지역에 사는 사람들이 대기 오염과 수질 오염 등 다양한 환경 피해에 불공평하게 노출되고 있습니다. 특히 쓰레기 매립장, 핵발전 시설, 쓰레기 소각장 등 환경 혐오 시설의 입지를 둘러싼 환경 갈등은 환경부정의에 깊이 관련됩니다. 이런 문제는 환경 혜택이나 피해를 나누는 분배 측면이나 환경 정책을 만들거나 실행하는 절차 측면에서 사회적 요소와 경제적 요소를 고려하지 않기 때문에 생깁니다.

미국에서 한국으로 — 사례로 본 환경부정의

미국과 한국을 중심으로 환경정의 운동에 관련된 주요 사건을 간단히 살펴보겠습니다.

먼저 앞에서 말한 미국 노스캐롤라이나 주 워런 카운티 사건입니다. 1982년 10월에 워런 카운티 주민들은 애프턴 근처에 발암 물질인 피시비 매립장이 세워진다는 사실을 알고 거세게 저항했습니다. 트럭 6000대 정도의 흙을 불법 매립하려는 시도를 막으려고 도로를 점거하는 시위를 벌여 아프리카계 미국인 500여 명이 체포됐습니다. 이 사건은 환경정의 운동이 불붙는 계기가 됐습니다. 1985년에는 웨스트버지니아 주에서 유니온 카바이드^{Union Carbide} 사가 내뿜은 유독 물질 때문에 주로 흑인인 주민 135명이 병원에 실려가는 사건이 일어났습니다. 주민들 스스로 풀뿌리 조직을 만들어 이 문제를 해결할 활동을 벌였습니다. 미국 환경청은 25개 인디언 보호구역 근처에 위험 폐기물 처리장이 1200여 개 있다는 사실을 밝혀냈습니다. 1987년에는 미국 그리스도연합교회가 미국 전 지역을 대상으로 연구한 결과 유해 폐기물 처리 시설이 소수 민족 (주로 흑인)이나 저소득층이 사는 지역에 집중돼 있다는 사실을 밝혀내기도 했습니다. 또한 나이지리아에 버린 유독성 쓰레기가 건강 문제를 일으킨 사실과 필라델피아 주에서 나온 유독성 소각재가 아이티에 버려진 사실이 밝혀져 국제적 환경부정의의 사례로 알려졌습니다.

한국은 인종 문제에 관련된 사례는 없지만 혐오 시설의 입지와 유해 폐기물 관련 사례를 몇 개 들 수 있습니다. 먼저 쓰레기 매립장이나 소각장을 설치하는 문제로 거의 모든 지자체가 몸살을 앓고 있습니다. 쓰레기 매립장이나 소각장을 만들 곳을 찾다보면 저소득층이나 사회적 취약 계층이 살고 있는 농촌 지역과 도시 외곽 지역이 대상지로 떠오르게 됩니다. 일단 대상지라는 말이 나오면 주민들은 강하게 저항하고 설치 반대 운동을 펼칩니다. 우여곡절 끝에 여러 혜택을 줘가며 주민을 설득해 시설을 만들기는 하지만, 오랫동안 찬반 논의가 오가면서 지역 공동체가 파괴되는 등 심각한 사회적 부작용을 낳고 있습니다.

핵발전소와 핵폐기물 처리 시설도 골칫거리입니다. 2003년에 벌어진 전라북도 부안군 위도 핵폐기장 건설을 둘러싼 논란이 대표적입니다. 주민 대부분이 농민과 어민인 부안군에서 군수가 독단으로 핵폐기장을 유치하려다 지역사회의 거센 반발에 부딪쳐 없던 일이 됐습니다. 거의 1년 넘는 기간 동안 치열한 반핵 운동이 벌어졌고, 지역사회도 찬성과 반대로 나뉘어 심한 몸살을 앓았습니다. 그 뒤 핵발전소를 비롯한 혐오 시설이 들어설 곳을 정할 때 정부는 여러 지역끼리 경쟁하게 하는 전략을 쓰고 있습니다.

또 다른 사례로 지금도 진행 중인 밀양 송전탑을 들 수 있습니다. 정부와 한국전력은 신고리 원전 3호기와 4호기를 새로 돌리면서 나오는 전기를 수도권으로 보내려고 76만 5000볼트급 송전탑을 세우고 있습니다. 송전탑이 들어설 지역 중 밀양 지역 주민(주로 농민)이 생존권과 공동체 보존 등을 이유로 거세게 반대하고 있습니다. 주민들은 보상을 거부하고, 송전선을 땅에 묻거나(지중화) 방향을 바꾸라고 요구합니다. 아직 문제가 해결되지 않은 상태에서 공사는 다시 시작됐습니다.

😊 사회적 약자에게 몰리는 환경부정의

해외 사례

1982년 10월 미국 노스캐롤라이나 주 워런 카운티 주민들이 벌인 발암 물질 피시비 매립장 건설 반대 운동, 1985년 웨스트버지니아 주에서 일어난 유니온 카바이드 사의 유독 물질 배출 사고를 들 수 있습니다. 미국 환경청은 25개 인디언 보호구역 근처에 위험 폐기물 처리장 1200여 개가 세워져 있다는 사실을 밝혀내기도 했습니다. 1987년 미국의 그리스도연합교회가 미국 전 지역을 대상으로 연구한 결과 유해 폐기물 처리 시설이 소수 민족(주로 흑인)이나 저소득층이 사는 지역에 집중돼 있다는 사실을 발견했습니다. 또한 유독성 쓰레기가 나이지리아나 아이티에 버려진 사실이 밝혀져 국제적 환경부정의 사례로 알려졌습니다.

한국 사례

혐오 시설이나 유해 폐기물에 관련된 여러 사례를 들 수 있습니다. 2003년에 벌어진 부안군 위도 핵폐기장 설치 논란과 지금 진행 중인 밀양 송전탑 건설 논란도 대표적인 환경부정의 사례입니다.

법과 제도를 고치고 공동체를 교육해야

이런 문제를 해결하려면 먼저 환경정의를 실현할 수 있게 법적 기반과 제도적 기반을 마련해야 합니다. 환경정책기본법 등에 환경정의에 관련된 조항을 새로 만들거나 고쳐 넣어야 합니다. 그리고 미국처럼 정부 훈령이나 조례 등을 만들어 환경정의의 원칙에 바탕을 둔 여러 정책을 만들거나 실행하게 해야 합니다. 무엇보다 마을이나 공동체마다 환경정의를 교육해 주민의 역량을 키우는 게 중요합니다. 환경 피해에 노출되는 사회적 약자와 경제적 약자나 생물적 약자는 스스로 문제를 해결하고 대응할 능력이 부족하기 때문입니다. 환경정의는 현재 세대뿐 아니라 미래 세대가 건강한 환경에서 살아갈 수 있게 지역 공동체를 보호하는 마지막 보루입니다.

1 대 625,
뜨거운 지구가 좋아?

이진우
(에너지기후정책연구소 부소장)

.

1 대 50, 온실가스 배출 불평등

미국 환경정보청^{EIA}은 2011년 현재 에너지 소비에 따른 세계 온실가스 배출량을 325억 7800만 이산화탄소톤으로 짐작했습니다. 온실가스 배출을 줄이려고 유엔 기후변화협약을 맺었지만 배출량은 더욱 가파르게 늘고 있습니다. 이 많은 온실가스는 누가 내뿜고 있을까요?

이산화탄소 배출량 1위와 2위를 차지한 중국과 미국이 전체 배출량의 43.6퍼센트를 차지합니다. 유럽을 합치면 전체의 56.8퍼센트이고, 연료 연소 이산화탄소 배출량 세계 8위인 한국을 포함한 배출량 상위 10개 국가가 세계 이산화탄소 배출량의 67.4퍼센트를 차지합니다. 나머지

세계 주요 국가의 연료 연소에 따른 이산화탄소 배출량 추이

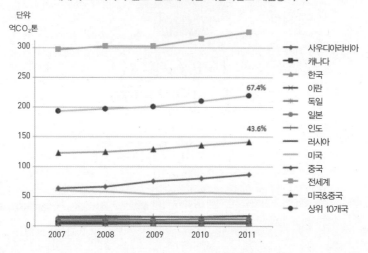

단위
억CO₂톤

- 사우디아라비아
- 캐나다
- 한국
- 이란
- 독일
- 일본
- 인도
- 러시아
- 미국
- 중국
- 전세계
- 미국&중국
- 상위 10개국

67.4%

43.6%

세계에서 온실가스를 가장 많이 배출하는 상위 10개국

(단위: CO₂톤, 2011년 기준)

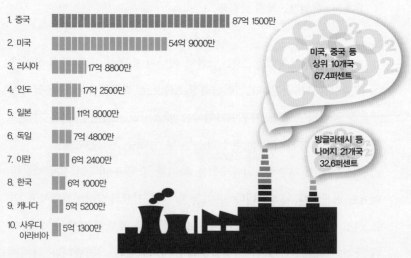

1. 중국   87억 1500만
2. 미국   54억 9000만
3. 러시아   17억 8800만
4. 인도   17억 2500만
5. 일본   11억 8000만
6. 독일   7억 4800만
7. 이란   6억 2400만
8. 한국   6억 1000만
9. 캐나다   5억 5200만
10. 사우디 아라비아   5억 1300만

미국, 중국 등
상위 10개국
67.4퍼센트

방글라데시 등
나머지 21개국
32.6퍼센트

자료: Worldbank database

210개 국가의 이산화탄소 배출량은 다 합쳐도 32.6퍼센트밖에 되지 않습니다. 불평등한 사회 구조를 가리킬 때 '2 대 8 사회'라는 개념을 많이 씁니다. 2명이 8개를 가지고 8명이 2개를 나눠 가진 사회라는 뜻입니다. 그렇지만 기후변화 문제에서는 그 개념이 들어맞지 않습니다. 국가를 기준으로 볼 때 온실가스 배출량의 불평등 지수는 1명이 50개를 갖고 50명이 1개를 나눠 갖는 '1 대 50 사회'이기 때문입니다.

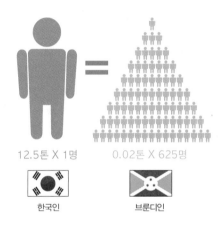

12.5톤 X 1명   0.02톤 X 625명

한국인   브룬디인

1인당 이산화탄소 배출량을 보면 불평등은 더욱 도드라집니다. 산유국과 작은 나라를 빼면 1인당 이산화탄소 배출량이 가장 많은 곳은 오스트레일리아로, 한 해 동안 1인당 18톤을 배출합니다. 그 뒤를 미국 17.6톤, 캐나다 16.2톤, 네덜란드 15.1톤 순으로 잇습니다. 반면 아프리카 브룬디는 1인당 이산화탄소 배출량이 겨우 0.02톤이고, 같은 대륙의 차드도 1인당 이산화탄소 배출량이 0.026톤에 그칩니다. 아시아의 저소득 국가인 네팔도 0.1톤을 배출합니다. 오스트레일리아 사람 1명이 브룬디 사람 900명이나 차드 사람 670명이 쓰는 에너지를 혼자서 쓰고 있는 셈입니다. 오스트레일리아 사람 한 명이 쓰는 에너지 양이 브룬디나 차드의 어느 마을이 쓰는 에너지 양이랑 같은 거죠.

한국도 한 해 동안 1인당 이산화탄소 배출량이 12.5톤으로 브룬디 사람 625명, 차드 사람 465명 몫의 온실가스를 배출하고 있습니다. 제3세계는 에너지 부족에 허덕이지만 한국을 포함한 선진국은 넘치도록 많은 에너지를 쓰고 버리고 있습니다.

에너지 불평등, 기후변화 피해 불평등

반면 기후변화의 피해는 정반대로 나타나고 있습니다. 세계적인 데이터 지도 제작 회사인 메이플크로프트Maplecroft의 2011년 기후변화 취약성 지도를 보면 기후변화에 가장 취약한 지역은 동남아시아, 남아시아, 아프리카, 라틴아메리카에 집중돼 있습니다. 대부분 온실가스를 거의 배출하지 않는 제3세계 국가입니다.

가뭄, 홍수, 폭풍 등 기후변화에 따른 이상 기후 현상에 가장 영향을 많이 받는 나라를 보면 1위 방글라데시, 2위 인도, 3위 마다가스카르, 4위 네팔, 5위 모잠비크이고, 필리핀, 아이티, 아프가니스탄, 짐바브웨, 미얀마(버마)가 10위권을 형성하고 있습니다. 1~50위권 안에 미국, 일본, 중국, 한국 등 간간이 선진국이 포함돼 있지만, 이런 나라들은 기후변화에 대응할 역량이 있기 때문에 피해를 가장 적게 줄일 수 있습니다. 그렇지만 개발도상국들은 자연재해에 맞설 힘이 모자라 기후변화 피해를 온몸으로 견뎌내야 합니다. 지구 온난화에 책임이 거의 없는 국가들이

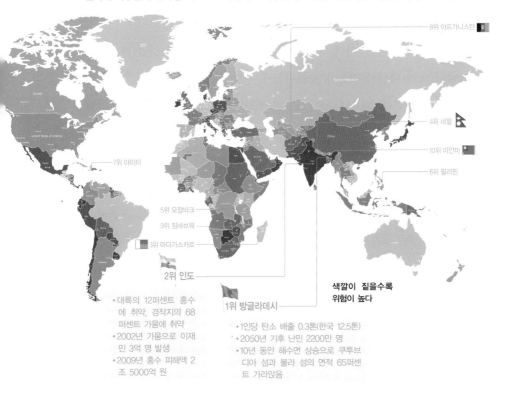

전세계 기후변화 취약성 지도 — 세계에서 기후변화 피해를 가장 많이 받는 국가 1~10위

8위 아프가니스탄

4위 네팔

10위 미얀마

7위 아이티

6위 필리핀

5위 모잠비크

9위 짐바브웨

3위 마다가스카르

2위 인도

색깔이 짙을수록
위험이 높다

1위 방글라데시

- 대륙의 12퍼센트 홍수
에 취약, 경작지의 68
퍼센트 가뭄에 취약
- 2002년 가뭄으로 이재
민 3억 명 발생
- 2009년 홍수 피해액 2
조 5000억 원

- 1인당 탄소 배출 0.3톤(한국 12.5톤)
- 2050년 기후 난민 2200만 명
- 10년 동안 해수면 상승으로 쿠투브
디아 섬과 볼라 섬의 면적 65퍼센
트 가라앉음

기후변화에 가장 취약한 상황입니다.

기후변화에 취약하다는 말은 그냥 자연재해 때문에 큰 피해를 본다
는 뜻이 아닙니다. 자연재해 자체도 중요하지만 우리가 더 관심 있게 봐
야 하는 것은 자연재해가 단계적으로 그 사회에 주는 피해입니다. 가뭄
이 심각한 아프리카 국가들은 식량이 모자라 불법 행위를 저지를 수밖
에 없는 한계 상황에 놓여 있습니다. 불법 활동을 옹호할 수는 없지만

식량이 모자라게 된 이유를 살펴보고 해결하지 않는다면 아프리카의 눈물은 계속될 수밖에 없을 겁니다.

국토가 사라져 아예 생존 기반을 잃는 일도 벌어지고 있습니다. 미국이 자기 나라 산업을 보호한다는 이유로 교토 의정서를 비준하지 않겠다고 선언한 2001년, 남태평양의 조그만 섬나라 투발루는 바닷물에 잠겨 국토를 포기해야 할 처지가 됐습니다. 인류가 아무리 온실가스를 줄이려고 노력해도 이번 세기 안에 투발루는 나라 전체가 바닷물에 잠긴답니다. 선진국들은 투발루 주민을 국제법상 난민으로 인정하고 받아달라는 요청을 모두 거절했습니다. 근처에 있는 키리바시 공화국은 이미 섬 두 개가 바닷물 아래로 가라앉았거나 바닷물 때문에 사람이 살 수 없는 땅이 됐습니다. 땅이 사라진다는 것은 그 땅에 살던 사람들은 물론 그 사람들의 터전도 문화도 모두 사라진다는 뜻입니다. 상황이 크게 다르지 않은 남태평양의 또 다른 작은 나라 피지만 2014년 2월에 키리바시의 모든 주민을 받아들이겠다고 약속했습니다. 온실가스를 내뿜은 선진국들은 거부하고 같은 피해를 입은 국가는 연대 책임을 지는 이 상황, 우리는 어떻게 이해해야 할까요?

뜨거워진 지구에 적응하기

국제 사회는 기후변화에 '적응'하는 게 중요하다고 말합니다. 유엔기후변화협약UNFCCC, United Nations Framework Convention on Climate Change은 기후변화에 적응하는 일을 "지역사회와 생태계가 변화하는 기후 조건에 대응할 수

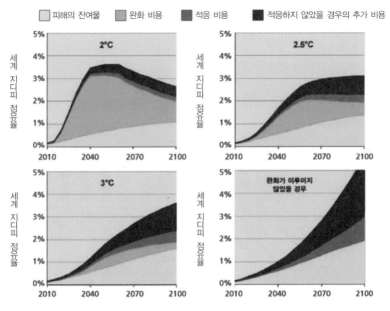

기후변화 적응의 비용과 편익

□ 피해의 잔여물 ■ 완화 비용 ■ 적응 비용 ■ 적응하지 않았을 경우의 추가 비용

출처 국가기후변화적응센터

있게 하는 모든 행동"이라고 소개합니다. 기후변화를 완벽하게 막을 수
없는 상황이 됐기 때문에 환경에 적응해서 피해를 되도록 줄여야 한다
는 말입니다. 기후변화에 적응하는 것은 온실가스를 줄이는 데 드는 경
제적 비용을 낮추는 구실도 합니다. 적응 대책을 실행하지 않으면 시간
이 갈수록 적응하지 않을 때 발생하는 추가 비용이 훨씬 높아져 (온도
가 섭씨 2.5~3도 오를) 2100년이 되면 2배 넘게 올라간다고 합니다. 기
후변화에 적응하는 대책을 세우는 일은 온실가스를 줄이는 일만큼 중
요합니다.

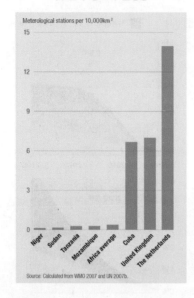

기후변화 정보의 불평등

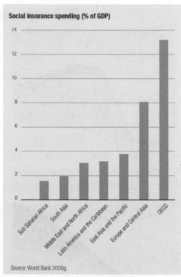

사회보험의 불평등

출처: UNDP(2007~2008)

　　그러나 기후변화에 적응하는 능력도 국가에 따라 서로 다르게 나타
납니다. 유엔개발계획UNDP, United Nations Development Programme이 해마다 내는《인
간 개발 보고서Human Development Report》2007~2008년판을 보면, 1만 제곱킬
로미터당 기상 관측소가 선진국은 7~14개인 반면 기후변화에 취약한
아프리카 국가들은 1개가 채 안됩니다. 기상 관측소가 있어야 재빠른
기후변화 대책이 나올 수 있다는 점을 생각하면 아프리카 국가들이 기
후변화에 적응하는 능력이 훨씬 떨어진다는 사실을 알 수 있습니다.
　　기후변화 피해가 일어나도 마찬가지입니다. 같은 보고서에 따르면
경제협력개발기구OECD 회원국들은 국내총생산GDP 중 사회보험 지출 비

중이 13퍼센트가 넘는 반면, 사하라 이남 아프리카 국가들은 1퍼센트를 조금 넘고 동아시아와 남태평양 국가들은 4퍼센트가 되지 않는 형편입니다. 사회보험 비중이 크다는 말은 같은 기후변화 피해를 당해도 그 사회가 피해를 보상할 수 있는 능력이 크다는 뜻입니다. 제3세계 국가들은 온실가스를 거의 내뿜지 않았지만 기후변화에 적응하는 능력도 적어 피해에 취약하고 피해가 나도 복구할 능력이 거의 없습니다. 정부가 피해 복구를 지원할 능력이 없기 때문에 그 나라 국민들은 기후변화 피해를 온전히 개인이 떠안아야 합니다. 명확한 '기후 부정의climate injustice' 상황입니다.

이런 불평등한 상황은 한국도 마찬가지입니다. 국가 전체를 보면 제3세계 국가들에 견줘 기후변화에 적응하는 능력이 높기는 하지만, 한 사회 안에서 고소득층과 저소득층의 적응 능력은 크게 차이가 납니다. 저소득층은 여름에는 폭염에 시달리고 겨울에는 한파에 시달리며 생존권까지 위협받습니다. 또한 살고 있는 지역의 기반 시설이 좋지 않아 홍수와 가뭄에 취약합니다.

다음 세대는 무엇으로 살까

기후변화는 세대 사이의 불평등 문제이기도 합니다. 물질적 풍요를 누리고 있는 현재 세대와 기후변화의 피해를 온전히 부담하게 될 미래 세대 사이에서 불평등이 생기는 겁니다. 지구 자원을 개발해 얻는 경제적 이득은 현재 세대가 누리지만, 기후변화의 피해는 시간 차이를 두고

기후 불평등의 양상

세대 내 불평등
- 선진 공업국 대 제3세계(GDR, Greenhouse gas Development Right)
- 기후변화 피해의 집중과 능력의 차별성
- 특정 사회 내부의 격차 심화와 약자 증가

세대 간 불평등
- 자원의 고갈 가능성
- 기후변화 피해의 증가와 가속화
- 기후변화 극복의 책임성

완화(Mitigation) 불평등
- 온실가스 누적 배출량과 의무 감축량의 간격
- 능력 형성(Capacity Building)의 차이
- 시장 기반의 메커니즘

적응(Adaptation) 불평등
- 기후변화 피해의 집중성
- 취약성(Vulnerability)의 차이
- 취약 계층의 생존권 박탈 문제

나타나기 때문에 우리 다음 세대가 기후변화에 따른 책임을 지게 된다는 뜻입니다.

2006년에 발표된 〈스턴 보고서Stern Review on the Economics of Climate Change〉에 따르면 각국 정부가 기후변화에 대응하는 데 지디피의 1퍼센트 정도를 쓰지 않으면 비용은 계속 늘어나 해마다 지디피의 5~20퍼센트 정도를 쓰게 된다고 합니다. 한국의 지디피가 2013년 현재 1300조 원 정도이므로 간단히 계산해도 21세기 후반이 되면 기후변화 대응 비용으로 65~260조 원 정도를 쓸 수 있다는 이야기입니다. 이 보고서를 만든 영국의 경제학자 니컬러스 스턴은 이런 기후변화 피해 비용이 "1930년대의 경제 대공황과 두 차례에 걸친 세계대전을 합친 것보다 더 크다"라고 경고했습니다. 물론 이 몫은 온전히 지금 살아가는 청소년들과 아직 태어나지 않은 세대들의 몫이 될 수밖에 없습니다.

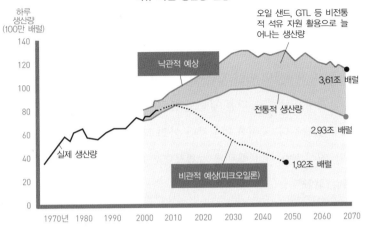

석유 자원 생산량 전망

하루 생산량 (100만 배럴)

오일 샌드, GTL 등 비전통적 석유 자원 활용으로 늘어나는 생산량

낙관적 예상

3.61조 배럴

전통적 생산량

2.93조 배럴

실제 생산량

비관적 예상(피크오일론)

1.92조 배럴

출처 : 한국석유공사

세대 사이의 불평등은 경제적 피해 비용에 머물지 않습니다. 대부분의 지구 자원은 유한합니다. 매장량에 한계가 있어 지금처럼 함부로 쓰면 자원이 모두 사라져버릴 위험성이 크다는 뜻입니다. 이런 염려는 이미 현실로 드러나, 수십만 년을 거쳐 지구가 만들어낸 석유 자원이 이제 곧 고갈된다는 전망이 설득력을 얻고 있습니다. 석유가 고갈되는 문제를 바라보는 의견은 둘로 나뉩니다. 어떤 사람은 석유 매장량이 조사된 것보다 많고 오일 샌드나 셰일 가스 등 비전통 석유가 있기 때문에 이번 세기 안에 고갈되지는 않는다고 주장합니다. 또 어떤 사람은 이미 생산 정점을 지나 고갈로 치닫고 있다고 맞섭니다.

어느 주장이 맞는지는 더 연구해야 제대로 알 수 있겠지만, 신흥국이 성장하고 석유 소비량이 늘면서 석유가 모자라게 되는 낌새는 여기저기서 나타나고 있습니다. 게다가 석유 소비량이 늘면서 온실가스 배출량이 늘고 있는데, 이런 상관관계는 기후변화가 더 빨리 진행되는 데 영향을 끼칩니다. 그렇지만 석유가 부족한 시점은 지금이 아니라 미래이기 때문에 다음 세대가 그 피해를 감수할 수밖에 없는 상황입니다.

광물 자원에서도 이런 모습이 보입니다. 구리 등 주요 자원은 이미 고갈 단계에 이르렀고, 다른 광물도 품질이 좋은 것은 거의 다 채취했다고 보고 있습니다. 채취한 자원보다 아직 채취하지 않은 광물 자원이 더 많지만 질이 떨어지기 때문에 경제적으로 더 많은 비용이 들어갈 수밖에 없습니다.

기후약자, 권리 찾기에 나서다

아직 태어나지 않은 미래 세대는 물론 지금을 살아가는 청소년들도 기후변화 때문에 생기는 피해를 줄이기 위해 자기가 뭔가를 선택하거나 결정할 수 있는 방법이 아무것도 없습니다. 장기적인 영향을 미치는 기후변화를 막을 정책을 결정하는 권한은 현재 세대가 쥐고 있습니다. 그렇기 때문에 미래 세대는 기후변화에 책임은 없으면서도 피해는 온전히 감당해야 하고, 스스로 미래를 결정할 수 있는 권리도 빼앗긴 역설적인 상황에 놓여 있습니다.

해외의 청소년들은 '내 미래를 결정할 수 있는 권리를 내게 달라'고 요구하는 활동을 펼치고 있습니다. 2005년 몬트리올 기후변화 당사국총회에서는 그린피스 청년단 학생들이 '우리의 미래를 불태우지 말라'고 적은 대형 구조물을 세우기도 했고, 2006년 나이로비 기후변화 당사국

몬트리올 기후변화 당사국 총회에서 그린피스 청년단이 만든 구조물.

총회에서는 기후변화 협상에 청소년 대표를 공식 참여하게 해달라는 요구 사항을 발표하기도 했습니다.

다양한 기후 불평등 구조를 바꾸려면 기후변화를 단순한 환경 문제로 생각해서는 안 됩니다. 기후 불평등은 정치, 경제, 사회, 문화 등 모든 문제와 유기적인 상관관계를 맺고 있고, 따라서 기후변화에 대응하는 일에도 정의가 필요합니다. 온실가스 배출량이 많은 국가와 현재 세대는 자기 몫에 걸맞은 책임을 져야 하고, 자신들이 내뿜은 온실가스 때문에 고통받고 있는 국가들과 다음 세대를 위해 아낌없이 경제적 지원을 해야 합니다. 2002년 전세계 엔지오들이 인도네시아 발리에 모여 발표한 '기후정의를 위한 발리 선언'은 기후변화에 필요한 이 시대의 정의가 무엇인지 잘 보여줍니다.

"우리는 우리 땅을
지키고 싶을 뿐입니다"

2011년 에너지기후정책연구소는 기후 부정의 사례를 조사하려고 태국을 찾았습니다. 태국 프라추아
프키리칸 주에서 현지인을 만나 인터뷰를 했습니다.

프라추아프키리칸 주에 기후변화 피해가 심각하다고 들었습니다. 어떤 피해가 있습니까?
대표적인 피해는 해안 침식입니다. 방콕 인근 강들에 전기를 생산하는 댐이 들어서고 기후변화가
심해지면서 태국 만의 해류가 바뀌었습니다. 그래서 프라추아프키리칸 주의 해안이 계속 침식돼 사
라지고 있습니다. 주민들의 주요 수입원인 새우 양식장이 거의 사라졌습니다. 지금도 해안선이 계속
뒤로 물러나고 있어 지역 주민들이 바다에 대나무로 벽을 쌓고 있습니다.

대나무 사이의 구멍이 커서 바닷물을 막을 수 없을 텐데요.
밀려오는 바닷물이야 어쩔 수 없지만 큰 파도라도 막을 수 있을 거라고 기대하고 있습니다.

대나무를 사고 세우는 돈을 정부나 다른 곳에서 지원받나요?
처음 시작할 때는 우리 돈을 들였지만 지금은 정부에서 수백만 원 정도 지원금을 내줬습니다. 그렇
지만 한참 모자랍니다. 대나무 살 돈만 주지 설치는 모두 그냥 주민들이 하고 있습니다. 어디서 후
원금을 주지 않으면 대나무 벽 세우는 일도 그만둬야 할 것 같습니다.

이런 피해가 있는데도 지원금이 수백만 원뿐이라고요?
그렇습니다. 심지어 지원금은커녕 프라추아프키리칸 주에 대형 화력 발전소를 지을 계획이라고 합
니다. 그래서 지역 주민들이 반대 활동을 벌이고 있습니다. 전기는 거의 대부분 방콕에 사는 부자랑
관광객들이 쓰고 있는데 왜 우리가 피해를 받아야 합니까? 방콕에 있는 마분콩, 시암 파라곤, 센트
럴 월드 등 3개 쇼핑몰에서 쓰는 전기가 방콕 인근 13개 지역에서 쓰는 전기랑 맞먹습니다. 3개 쇼
핑몰에서 쓰는 전기를 대려면 중형 수력 발전소 3개가 필요합니다.

몇몇 사람은 보상금 받으려고 이런 일을 하는 게 아니냐는 의혹의 눈초리를 보내고 있습니다.
절대 아닙니다. 우리는 우리 땅을 지키고 싶을 뿐입니다. 우리 조상들은 수천 년을 이곳에서 지내왔
고, 우리도 그러고 싶습니다. 돈은 필요 없습니다. 그냥 우리가 이대로 살게 놔두기를 바랍니다. 왜

힘이 없다는 이유로 우리가 피해를 참고 살아야 합니까.

기후변화 피해가 두드러진 프라추아프키리칸 주는 태국 중부와 남부를 잇는 기다란 모양의 지역입니다. 가로 길이가 가장 짧은 곳은 11킬로미터 밖에 안 될 정도로 개발될 여지도 적어 태국에서도 특히 가난한 지역 중 하나입니다. 에너지기후정책연구소가 한 조사에 따르면 프라추아프키리칸 주에 대형 화력 발전소 두 개를 만들 계획이 있습니다. 방콕으로 보낼 전기를 만들 댐입니다. 더 안타까운 사실은 한국의 대기업 한 곳이 화력 발전소를 지으면 그 옆에 조선소를 짓겠다는 의향서를 낸 겁니다. 주민들의 바람은 아랑곳없이 발전을 앞세워 우리처럼 소비하는 삶을 살라고 강요하고 있는 게 아닐까 생각해봐야 합니다.

기후정의를 위한 발리 선언
(Bali Principles of Climate Justice, 2002)

이미 세계 곳곳에서 기후변화가 실제로 나타나고 있다는 것은 과학적 사실이다. 화석 연료의 소비, 사막화와 생태적 파괴가 지금의 속도로 진행된다면, 기후변화는 온도와 해수면 상승, 홍수와 가뭄의 증가 등 자연 재앙의 변수와 영향력을 키울 것이다. 농업 형태는 변화하고, 생명 다양성은 감소하며, 강력한 폭풍과 전염병이 나타나게 될 것이다. 사막화는 폭넓은 지역의 공동체에 부정적인 영향을 미치는 동시에 기후변화에 다시 영향을 준다. 화석 연료를 탐사하는 일부터 생산, 정련, 분배, 소비, 쓰레기 처리까지 생활 순환의 모든 단계에 경제적인 영향을 미치고, 기후변화의 영향력은 지역과 공동체의 삶에 영향을 준다.

화석 연료의 생산과 소비는 기업이 주도하는 세계화가 이끌고 있다. 기후변화의 주요 원인은 산업 국가와 다국적 기업들이다. 다국적 개발은행, 다국적 기업과 산업 국가(특히 미국)는 기후변화 문제를 이슈화하려는 유엔의 민주주의적 노력을 훼손해왔다. 기후변화의 결과는 인권을 존중하고 대량 학살을 막으려는 유엔의 취지하고 상충하기 때문이다.

기후변화의 영향은 군소 도서국, 여성, 청소년, 해안 지역 거주자들, 지역 공동체, 토착민, 어부, 빈민과 노년층에게 불평등한 양상으로 나타나고 있다. 지역 공동체, 기후변화 피해자, 토착민은 기후변화 문제를 제기하는 과정에서 배제돼왔다.

다국적 기업이 의도하고 있는 시장에 기반을 둔 온실가스 감축 메커니즘과 기술적으로 해결하려는 대책은 잘못된 결론이며, 오히려 상황을 더 나쁘게 한다. 기후변화와 지구적 환경 문제의 발단은 바로 지속 가능하지 않은 생산과 소비 관행이다.

기후변화는 북반구와 남반구의 개발도상국 주민들 대부분에게 가장 위협적인 요소가 될 것이다. 기후변화는 식량 자립과 자연자원에 기반을 둔 소지역 경제를 위협하기 때문이다. 또한 기후변화는 세계적으로 공동체의 건강을 위협하기도 한다. 특히 어린이와 노약자는 피해에 취약하고, 사회의 주류에서 배제되고 있다. 기후변화에 맞서 싸우는 일은 산업화된 국가들이 이끌고 있는 지속 가능하지 않은 생산과 소비와 생활 방식에서 시작해야 한다.

우리는 사회정의와 환경정의를 위해 활동하는 조직들의 대표자로서, 기후정의를 위해 다음 원칙에 기반을 둔 세계 민중의 기후정의운동을 시작한다고 결의한다.

❶ 어머니 지구는 신성불가침한 존재이며 모든 생물 종은 상호 의존적이고 생태적인 통합성을 가진다고 단언하고, 따라서 기후정의는 공동체들이 기후변화와 다른 생태적 파괴 영향에서 벗어날

권리가 있다는 사실을 주장한다.

② 기후정의는 온실가스를 발생시키지 않으려는 목적과 지역 오염을 줄이려는 노력을 지지한다.

③ 기후정의는 토착민과 피해를 입은 공동체를 대표하고 대변해 토착민과 공동체의 권리를 지지한다.

④ 기후정의는 민주적이고 '공동의 차별화된 원칙'에 따라 정부가 특수한 책임을 지고 기후변화에 관해 고심할 의무가 있다는 점을 강조한다.

⑤ 기후정의는 기후변화 문제를 국내외에서 발언하는 과정에서 공동체, 특히 기후변화 때문에 피해를 입은 사회가 중요한 발언권을 가질 것을 요구한다.

⑥ 기후정의는 다국적 기업이 국내외 결정 사항에 지나치게 영향을 줄 뿐만 아니라, 지속 가능하지 않은 생산과 소비 형태, 생활을 만들어내는 상황에 이의를 제기한다.

⑦ 기후정의는 지구가 온실가스를 흡수하는 능력을 전용해 세계에 빚을 지고 있는 산업 국가의 정부와 다국적 기업이 생태적 부채 원칙(a principle of ecological debt)을 수용할 것을 요구한다.

⑧ 생태적 부채 원칙을 확인하는 차원에서 기후정의는 화석 연료와 채굴업이 온실가스를 만들고 주변 지역의 오염원에 연계된 영향을 일으켜 과거와 현재의 생활 형태에 영향을 끼쳤기 때문에 책임을 질 것을 요구한다.

⑨ 생태적 부채 원칙을 확인하는 차원에서 기후정의는 기후변화에 관련해 부정의한 피해를 받은 사람들이 보상을 받고, 복원 비용, 토양 손실과 생계, 그밖의 손실에 관련된 배상을 받을 수 있게 피해를 받은 사람들의 권리를 보호한다.

⑩ 기후정의는 화석 연료를 새롭게 탐사하고 개발하는 모든 행위를 중지하고, 널리 이용되고 있는 핵발전소는 폐기해야 한다고 주장한다. 새로운 핵발전소와 대형 수력 발전소를 건설하는 행위도 중단할 것을 요구한다.

⑪ 기후정의는 모든 생명체가 공생하는 지구를 위해 깨끗하고 재생 가능하며 또 지역적 차원에서 관리되는 에너지원을 요구한다.

⑫ 기후정의는 빈곤층과 여성, 지역 주민과 토착민을 포함해 모든 사람이 적절하고 지속 가능한 에너지를 쓸 수 있는 권리가 있다고 주장한다.

⑬ 기후정의는 탄소 무역과 탄소 배출 같은 시장 중심적 해결 방식과 문제를 기술적으로 해결하려는 어떤 시도도 민주주의적 의무와 생태적 지속가능성, 사회 정의의 원리 아래 진행돼야 한다고 확인한다.

⑭ 기후정의는 화석 연료와 그밖에 온실가스 배출 산업 등에 종사하는 모든 노동자들이 지속 가능하지 않은 생산에 기반을 둔 생활 방식과 실업 사이의 선택을 강요받지 않으면서도 안전하고 건강한 노동 환경에서 일할 수 있는 권리가 있다고 선언한다.

⑮ 기후정의는 환경과 공동체에 기후변화 비용을 떠넘기지 않고 정의로운 전환 원칙을 전제하는 것이 기후변화의 책임이라고 주장한다.

⑯ 기후정의는 기후변화에 따른 문화 다양성과 생물종 다양성의 파괴를 방지할 것을 약속한다.

⑰ 기후정의는 깨끗한 공기, 토지, 물, 식량과 건강한 생태계를 유지하는 것이 사회의 기본권이고, 이 권리를 보장하는 사회 모델과 경제 모델이 필요하다고 주장한다.

⑱ 기후정의는 자연과 자원을 상품화하는 데 반대하며, 지속 가능한 방식으로 삶의 방식과 문화를 소유하고 관리하기 위해 자연자원을 활용하는 것은 공동체의 권리라고 단언한다.

⑲ 기후정의는 모든 민중이 어떤 형태의 차별과 편견에도 시달리지 않아야 하며, 공공 정책은 상호 존중과 사회 정의에 기반을 두고 실행해야 한다고 요구한다.

⑳ 기후정의는 토착민들이 땅속에 있는 자원과 영토에 관한 권리, 자신들의 삶과 문화를 파괴하거나 낙후시키는 결과를 가져올 수 있는 행동과 명령에 대항할 수 있는 권리와 함께 이런 것을 모두 스스로 결정할 수 있는 권리가 있다고 인정한다.

㉑ 기후정의는 미리 엄격하게 정보를 제공받을 것, 사전 평가와 계획, 이행, 실행, 사후 평가 등 모든 정책 결정 단계에 참여를 보장받을 것, 그리고 정책에 관한 거부권이 민중과 지역 공동체의 권리라는 것을 확인한다.

㉒ 기후정의는 여성의 권리를 전제한 해결 방법이 필요하다고 주장한다.

㉓ 기후정의는 청년들이 기후변화와 거기에 관련한 영향들을 둘러싼 문제를 제기하는 운동에 평등한 협력자로 활동할 수 있는 권리가 있다고 주장한다.

㉔ 기후정의는 군사 행동, 점령 행위, 진압을 비롯해 토지, 물, 바다, 민중, 문화, 삶의 방식이 착취되는 것, 특히 화석 연료 산업이 저지르는 착취에 반대한다.

㉕ 기후정의는 지금의 경험과 문화적 다양성을 존중하는 데 기반을 두고 지금 세대와 미래 세대에게 기후와 에너지, 사회와 환경에 관련된 쟁점을 교육할 것을 요구한다.

㉖ 기후정의는 어머니 지구의 자원 소비를 최소화하고 에너지 소비를 줄이기 위해 개인과 공동체가 노력할 것을 요구한다. 또한 우리 생활 방식의 우선순위를 결정하고, 환경과 어머니 지구에 관련해 우리의 윤리 의식을 다시 생각하기 위해 신중한 결정이 필요하다. 깨끗하고 재생 가능하며 환경적 영향이 적은 에너지원을 이용해야 하고, 지금 세대와 미래 세대를 위해 지구의 건강성을 확보해야 한다.

㉗ 기후정의는 아직 태어나지 않은 세대가 자연 자원과 안정된 기후, 건강한 지구를 가질 권리가 있음을 선언한다.

2만 4000년이라는 세월은
너무도 길어!

유정민
(환경정의연구소 부소장, 서울대학교 환경대학원 연구교수)

환경정의란 모든 사람이 환경 위험이나 건강 위험에서 보호받을 수 있도록 환경 위험이 최소화돼야 하며, 인종, 문화, 경제적 위치에 관계없이 환경 자원을 이용하면서 생기는 혜택과 비용을 공평하게 나누는 것을 말합니다. 쓰레기 소각장을 만든다고 생각해보죠. 어느 지역에 어떤 과정을 거쳐 만드는 게 가장 바람직할까요? 여기에서 '바람직'하다는 말은 다양하게 해석될 수 있습니다. 가장 적은 비용이 드는 곳이 바람직해 보일 수 있습니다. 그러면 가장 땅값이 싼 곳을 골라 소각장을 만들면 됩니다. 다른 방법은 주민들이 정치적 힘이 없어 반대가 심하지 않은 곳에 짓는 겁니다. 그런데 과연 이런 기준으로 쓰레기 소각장 건설을 결정하는 게 바람직할까요? 환경정의 시각에서 보면 전혀 바람직하지 않습니다. 자신이 놓인 경제적 상황이나 문화적 상황에 상관없이 환경 위험이 공평하게 나뉘어야 하는데, 실상은 그렇지 않기 때문입니다. 또한 건물이나 도로 건설처럼 환경 피해가 예상되는 개발 사업을 할 때 피해를 당할 주민들이 사업에 관련된 결정 과정에 참여할 수 있게 보장하는 것도 중요한 환경정의의 요건입니다.

핵을 머리에 이고 사는 사람들

핵발전은 어떤 점에서 정의롭지 못할까요? 우리가 일상생활에서 편리하게 쓰고 있는 전기의 30퍼센트 정도를 핵발전으로 만듭니다. 나머지 65퍼센트 정도는 석탄과 천연가스를 씁니다. 핵발전은 원자로 안에서 우라늄$^{U-235}$의 핵분열 연쇄 반응을 유도해서 생기는 엄청난 양의 열에너지를 이용해 전기를 만드는 기술입니다. 핵분열은 일상에서 흔히 볼 수 있는 화학 반응하고 전혀 다릅니다. 화학 반응은 석유나 가스가 탈 때 분자의 결합 구조가 달라지는 것이고, 핵분열은 중성자로 우라늄 핵을 때려 새로운 핵분열 생성물을 만드는 과정을 말합니다. 다시 말해 화학 반응은 원자 구조는 그대로 두고 원자의 배치만 바뀌는 반면 핵분열은 원자의 구조 자체가 바뀌는 겁니다. 우라늄 원자 한 개가 분열하면서 중성자 2~3개가 밖으로 떨어져 나오고, 이 중성자들이 다시 주위에 있는 다른 우라늄 핵을 분열시킵니다. 이런 핵분열의 연쇄 반응이 일어나는 과정에서 많은 에너지가 방출됩니다. 만약 중성자들이 모두 핵분열을 일으키게 놔두면 엄청난 에너지가 한꺼번에 방출됩니다. 바로 이것이

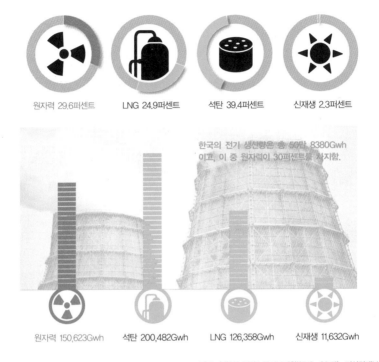

에너지원별 발전량 비중(2012년)

원자력 29.6퍼센트 　 LNG 24.9퍼센트 　 석탄 39.4퍼센트 　 신재생 2.3퍼센트

한국의 전기 생산량은 총 50만 8380Gwh 이고, 이 중 원자력이 30퍼센트를 차지함.

원자력 150,623Gwh 　 석탄 200,482Gwh 　 LNG 126,358Gwh 　 신재생 11,632Gwh

자료: 〈제6차 전력수급기본계획(2013~2017)〉, 지식경제부

핵폭탄의 원리입니다. 따라서 원자로 안에서 중성자가 모두 핵분열을 일으키지 않게 중성자를 어느 정도 흡수해 연쇄 반응의 속도를 제어하는 일이 매우 중요합니다.

핵발전의 큰 위험 중 하나는 인류가 만들어낸 가장 위험한 독성 물질로 알려진 플루토늄을 비롯해 우리 건강에 치명적인 영향을 끼치는 셀 수 없이 많은 방사성 물질이 핵분열 반응 과정에서 만들어진다는 점

수도권 전력 소비
170,178,000
Mwh

☢ 운영 중 23기
☢ 건설 중 5기

상업 운전 개시일/용량(MW)

1986.08.25./950
1987.06.10./950
1995.03.31./1000
1996.01.01./1000
2002.05.21./1000
2002.12.24./1000

영광
원전 발전량
46,478,803Mwh

서울
울진
월성
고리
영광

입니다. 이런 물질들은 알파선, 베타선, 감마선 같은 방사선 형태로 에너지를 외부로 방출합니다. 방사선은 세포의 디엔에이ᴰᴺᴬ 배열을 어지럽혀 암 같은 치명적인 질병을 일으킬 수 있습니다. 핵분열의 연료인 우라늄은 어느 정도 시간이 지나면 원자로 밖으로 끄집어내 보관해야 하는데(이것을 '사용 후 연료'라고 합니다), 여기에는 많은 방사성 물질이 들어 있습니다. 방사성 물질은 독성이 줄어드는 데 수만 년이 더 걸리기도 해

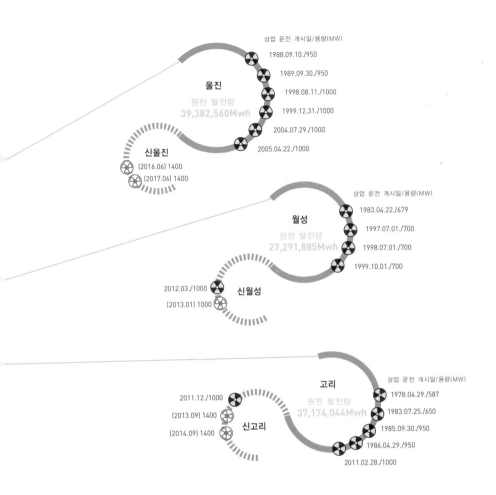

서 사후 처리에 어려움이 매우 큽니다. 지금도 한국을 비롯한 대부분의 나라에서 사용 후 연료를 안전하게 처리할 방안을 마련하지 못한 채 핵발전소가 있는 곳에 임시 보관하고 있습니다.

이렇게 핵발전은 핵분열이라는 매우 위험한 과정을 거치는 에너지 생산 방식이고, 방사성 물질이라는 치명적이고 관리하기 어려운 위험 물질을 낳는 기술입니다. 그래서 핵발전소와 핵폐기물 저장 시설을 둘러싼 갈등이 생길 수밖에 없습니다. 핵발전소 시설의 환경 위험과 혜택이 불공평하게 분배되기 때문입니다. 한국은 영광, 울진, 고리, 월성 등 네 곳에 핵발전소 23기를 운영하고 있고, 2024년까지 최소한 11기를 더 지을 예정입니다. 핵발전소 개수로 따지면 세계 5위이고, 단위 면적당 핵발전소 수로 보면 핵발전소 밀집도가 가장 높습니다. 핵발전소 한 기의 용량은 1기가와트^{GW} 정도인데, 30~40만 가구가 쓸 전기를 만들 수 있습니다. 발전소 단지마다 이런 핵발전소가 6기씩 있으니 180~240만 가구에 전기를 댈 수 있는 셈입니다. 그렇지만 핵발전소가 있는 네 곳은 인구가 많은 곳도 아니고 서울이나 수도권에 견줘 전기를 많이 쓰는 곳도 아닙니다. 핵발전소에서 만든 전기는 대부분 수십 수백 킬로미터 길이의 송전선을 거쳐 수도권을 비롯한 대도시로 흘러갑니다. 반면 핵발전소가 있는 지역은 핵 사고와 방사선 누출의 위험에 노출된 채 살아가고 있습니다. 핵 사고와 방사선의 위험을 직접 감수하면서 다른 사람이 쓸 전기를 생산해야 하는 상황은 정의롭다고 말하기 어렵습니다.

후쿠시마와 환경 부정의

2011년에 일본에서 일어난 후쿠시마 사고는 이런 환경 부정의를 명확히 보여주는 사례입니다. 후쿠시마 핵발전소 사고는 왜 일어났을까요? 2011년 3월 11일 일본 동부에 강도 9.0의 대형 지진이 발생했습니다. 후쿠시마 핵발전소 관계자는 곧바로 발전을 멈추고 핵 연쇄 반응을 막기 위해 중성자 흡수 물질을 투입했습니다. 그렇지만 핵 연쇄 반응을 막는다고 해서 문제가 바로 해결되는 게 아닙니다. 원자로 안에서 핵이 분열하면서 만들어진 방사능 물질들이 여전히 열을 뿜어내고 있기 때문입니다(이것을 '붕괴열'이라고 합니다). 붕괴열 때문에 원자로 안에 있는 물이 뜨거워지지 않게 냉각 펌프로 냉각수를 계속 식혀야 합니다. 압력 용기 안의 물이 끓어올라 수증기가 폭발할 수 있기 때문입니다.

그런데 바로 여기에서 문제가 생겼습니다. 강력한 지진 때문에 일어난 해일 탓에 후쿠시마 핵발전소의 모든 전기 시설이 제구실을 못해 냉각 펌프를 돌릴 수 없게 됐고, 결국 원자로를 냉각시킬 수 없는 위험한 상황에 이르게 된 겁니다. 다행히 수증기는 폭발하지 않았지만 원자로 압력 용기 안의 온도가 올라 우라늄 연료봉이 녹아내려 원자로 압력 용기 바닥에 쌓이는 '노심 용융melt-down'이 진행됐고, 더 나아가 핵연료가 압력 용기를 뚫고 원자로 압력 용기를 감싼 철근 콘크리트 구조물인 격납 용기('제1 방벽')의 바닥으로 떨어지는 '멜트스루melt-through'까지 일어났습니다.

일본 정부는 곧바로 후쿠시마 핵발전소 주변 20킬로미터 안쪽을 대피 지역으로 선포하고 주민을 이주시켰습니다. 그렇지만 이렇게 떠난 주민들이 오랜 삶의 터전으로 돌아와 정상적인 생활을 다시 시작할 수 있는 가능성은 거의 없습니다. 핵발전의 혜택을 가장 많이 받은 도쿄 같은 도시 지역(도쿄는 후쿠시마에서 320킬로미터 떨어져 있다)에 견줘 핵발전소 주위에 살던 주민들은 너무 큰 고통을 겪고 있습니다. 후쿠시마 핵발전소 주위는 농어촌이어서 도쿄 같은 대도시처럼 전기를 많이 쓰지 않았지만. 다른 지역의 편의를 위해 수십 년 동안 핵발전소라는 위험 시설을 떠안고 있었습니다. 환경 위험을 불공평하게 부담하는 상황은 환경정의의 시각에서 바람직하지 않습니다.

핵발전과 환경 부정의

핵 발전을 둘러싼 환경부정의는 지역적으로 불평등할 뿐 아니라 현재 세대와 앞으로 태어날 다음 세대 사이의 불평등 문제이기도 합니다. 핵 연쇄 반응이 일어난 뒤 생기는 부산물은 인체와 자연환경에 치명적인 영향을 끼치는 방사선을 내뿜는 독성 물질입니다. 방사성 물질이 내뿜는 방사선이 절반으로 줄어드는 시간을 '반감기half-life'라고 하는데, 플루토늄 같은 물질은 반감기가 2만 4000년 정도이고 방사선이 1000분의 1이 되는 데는 자그마치 24만 년이 걸립니다. 핵 발전으로 만든 전기는 우리가 잘 쓰지만 그 전기를 만드는 과정에서 생긴 위험물은 우리 후손들이 떠맡을 수밖에 없습니다.

아무리 땅 속 깊숙이 안전한 저장 시설을 잘 만들어 관리한다고 해도 인류의 역사보다 훨씬 긴 시간 동안 방사능 물질을 안전하게 보관할 수 있다고 장담할 수는 없습니다. 현재의 이익을 위해 미래 세대에게 치명적인 환경 위험을 떠넘기는 정의롭지 못한 결정입니다. 지금 세계 어떤 나라도 사용 후 연료를 안전하게 영구 보관하는 저장 시설을 갖추지 못했습니다. 핵 발전 기술이 가장 발전한 미국은 2011년에 네바다 주의 유카 산에 사용 후 연료 저장 시설을 만들 계획을 한 적이 있지만 주민들의 반대에 부딪힌데다 지질학적 불안정성이 발견되면서 없던 일이 됐습니다.

방사성 물질 반감기

8일
방사성
요오드 131

30년
세슘 137   스트론튬 9c

2만
4300년
플루토늄 239

원자로에서 핵분열을 마친 사용 후 연료를 처리하는 또 다른 방법은 '재사용'입니다. 그렇지만 이 방법은 훨씬 더 어려운 기술적, 경제적, 정치적 문제를 안고 있습니다. 사용 후 연료를 재사용한다는 말은 일반 원자로에서 핵분열을 마치고 남은 우라늄과 핵분열 과정에서 만들어진 플루토늄(플루토늄은 핵분열을 할 수 있어 핵무기로 쓸 수 있습니다)을 뽑아내 새로운 연료로 쓴다는 겁니다. 사용 후 연료를 재사용하려면 고속 중성자로fast neutron reactor가 여러 대 필요하지만, 지금까지 어느 나라도 상용화에 성공하지 못한데다 천문학적인 비용이 듭니다. 이미 1970년대에 미국은 재사용 기술이 비용이 너무 많이 드는데다 핵 확산을 막아야 한다는 이유로 사용 후 연료의 재사용 정책을 포기했습니다. 프랑스와 일본은 그동안 사용 후 연료를 재사용하려고 투자를 많이 했지만 고속 중성자로를 상용화하는 데 실패했습니다. 프랑스는 2010년에 피닉스 시험로를 폐쇄했고, 일본도 1995년에 불이 난 뒤 멈춘 몬주 시험로를 아직도 재가동하지 못하고 있습니다.

핵발전에 관련된 환경 부정의는 핵발전소와 핵폐기물 저장 시설에

1인당 연간 전력 소비량(MWh/년)

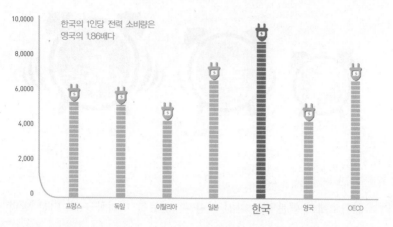

한국의 1인당 전력 소비량은
영국의 1.86배다

10,0000
8,0000
6,0000
4,000
2,000
0

프랑스　독일　이탈리아　일본　**한국**　영국　OECD

자료: IEA

국가별 1인당 연간 전력 소비량(MWh/년)

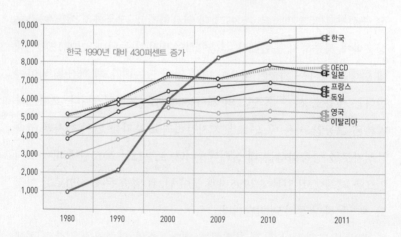

한국 1990년 대비 430퍼센트 증가

10,000
9,000
8,000
7,000
6,000
5,000
4,000
3,000
2,000
1,000

1980　1990　2000　2009　2010　2011

한국
OECD
일본
프랑스
독일
영국
이탈리아

자료: IEA

그치지 않습니다. 핵발전소는 매우 규모가 크고 지역적으로 외떨어진 곳에 집중돼 있기 때문에 여기서 나온 전기를 수백 킬로미터 떨어진 먼 곳까지 보낼 초고압 송전 시설이 필요합니다. 그런데 이런 초고압 송전 탑도 문제가 많습니다. 먼저 송전탑을 세우는 과정에서 숲이나 논밭 같은 환경이 파괴됩니다. 고압선에서 나오는 전자파 때문에 주민들이 건강을 해치게 되고, 송전탑이 지나가는 곳 주변의 땅값이 떨어져 경제적으로 큰 손해를 볼 수 있습니다. 또한 송전탑 때문에 항공 방제도 하기 어려워 병충해가 생겨도 속수무책입니다. 초고압 송전탑도 지역 주민이 아니라 멀리 떨어진 대도시의 에너지 소비를 위해 세운 것이기 때문에 환경 부정의 문제가 생깁니다.

핵발전소 시설을 둘러싼 환경 부정의를 어떻게 해결할 수 있을까요? 가장 근본적인 방법은 핵발전소처럼 위험한 시설을 짓지 않는 겁니다. 어떤 사람들이 하는 말처럼 핵발전을 하지 않으면 우리는 전기 없이 살아야 할까요? 그렇지 않습니다. 낭비되는 전기를 줄이고, 에너지 효율을 높이고, 태양광, 풍력, 바이오 에너지 등 재생 가능 에너지를 더 많이 쓰면 핵발전처럼 위험한 에너지 없이도 얼마든지 불편하지 않게 살 수 있습니다. 영국, 독일, 프랑스, 일본 같은 주요 선진 산업국은 한국보다 삶의 수준은 높지만 일인당 전기 소비량은 적습니다. 경제 구조와 기후 조건이 다르기는 하지만, 전기를 더 많이 쓴다고 해서 반드시 높은 삶의 수준을 누리는 게 아닙니다.

핵발전의 위험에서 벗어날 수 있는, 기술적이고 경제적인 해결 방법을 우리는 이미 갖고 있습니다. 그중 하나가 에너지 효율을 높여 에너지 사용을 줄이는 겁니다. 맛있는 밥을 짓고, 깨끗하게 빨래를 하고, 알맞은 온도로 냉난방을 하는 데 지금보다 훨씬 적은 에너지를 쓸 수도 있습니다. 그렇게 되면 발전소를 더 지을 이유가 사라지고, 핵발전소처럼 위험한 에너지 시설을 만들 필요도 없습니다. 또 다른 방법은 재생 가능 에너지를 쓰는 겁니다. 햇빛, 바람, 나무처럼 말 그대로 다시 쓸 수 있는 에너지가 재생 가능 에너지입니다. 이런 재생 가능 에너지를 더 많이 쓰면 우리는 굳이 핵분열처럼 위험한 기술 없이도 충분한 에너지를 안전하게 생산하고 쓸 수 있습니다.

보상과 배상보다 참여와 합의를

핵발전소를 당장 폐쇄해도 모든 환경 위험이 한꺼번에 사라질 수는 없습니다. 지난 40년 동안 핵발전소를 돌리면서 나온 방사성 폐기물을 아주 오랫동안 보관해야 하기 때문입니다. 방사성 폐기물을 용기에 넣어 땅속 깊은 곳에 보관하는 방식이 지금으로서는 가장 현실적인 처리 방법입니다. 방사성 폐기물 처리장을 만들려면 여러 기술적 문제를 해결하고 사회적 합의도 이끌어내야 합니다. 사회적 합의는 정보를 투명하게 공개하고 시민들이 실질적으로 참여하는 민주적인 의사 결정 과정이어야 합니다. 정책 결정자와 기술 전문가의 의견만 들으면 사회적 합의를 이끌어내기는커녕 갈등만 키울 수 있습니다. 어떤 환경 위험과 건강 위험이 있는지, 그 위험을 최소로 줄일 수 있는 기술과 제도가 충분히 준비됐는지, 다른 기술적 대안은 없는지 등 관련 정보를 알맞은 때에 알맞은 방법으로 주민들에게 알려야 합니다.

또한 의사 결정 과정에는 피해 주민들의 의견도 충분히 반영해야 합니다. 특히 환경 부정의 문제를 피해 보상으로 해결하려는 경우가 많은데, 이런 접근은 사회적 합의를 더 어렵게 할 수 있기 때문에 신중해야 합니다. 알맞은 피해 보상은 사실 생각만큼 쉽지 않습니다. 핵발전소, 방사능 폐기물 처리장, 고압 송전탑 같은 핵발전 시설은 주로 사람이 많이 살지 않고 가난한 농어촌 지역에 많습니다. 이런 사람들은 대개 '땅'에 기대어 삽니다. 게다가 대부분 나이가 많은 노인입니다. 조상 대대로 살아온 삶의 터전을 떠나 한순간에 다른 곳으로 쫓겨나거나 한평생 생계 수단으로 삼던 땅을 포기해야 한다면, 도대체 알맞은 보상금을 어떻게 결정할 수 있을까요?

또 다른 위험은 경제적 보상이 자칫 주민들 사이의 갈등을 일으킬 가능성이 있다는 점입니다. 정부나 발전소 회사에서 주는 보상금 때문에 같은 동네에서 의좋게 살던 이웃들이 하루아침에 멀어지고 다툼까지 벌이는 모습을 종종 볼 수 있습니다. 어쩔 수 없는 위험 시설을 세우는 과정에서 보상과 배상을 알맞게 하는 문제는 형평성 측면에서 매우 중요하지만, 이런 보상과 배상은 시민의 실질적 참여와 사회적 합의가 어느 정도 보장된 뒤에 따질 문제입니다.

지속 가능하고 정의로운 에너지

지금까지 주로 환경 위험과 혜택의 공평한 분배라는 측면에서 핵발전을 둘러싼 환경정의 문제를 살펴봤습니다. 그러나 환경정의의 또 다른 중요한 의미는 환경 피해를 최소화해 모든 사람이 환경 위험에서 보호받을 수 있게 하는 겁니다. 이것을 '환경적 지속가능성environmental sustainability'이라고 합니다. 아무리 환경 위험을 공평하게 나눈다 해도 환경 위험 자체가 커진다면 우리 전부가 감당해야 하는 위험의 크기 또한 커지기 마련입니다. 따라서 지속 가능한 환경의 보존은 환경정의의 측면에서 매우 중요한 요소입니다. 많은 핵발전소를 각 지역에 균등하게 세우면 환경 위험은 공평하게 나눌 수 있을지 모르지만 환경 위험의 크기 자체가 더욱 커지기 때문입니다.

우리가 살아가는 사회는 위험 사회risk society입니다. 독일 학자 울리히 백Ulrich Beck이 쓴 이 말은 우리가 마주하고 있는 위험이 외부적이기보다는 내부적이며 부족보다는 과잉에서 기인한다고 알려줍니다. 예전에는 지진이나 홍수 같은 외부 요인이나 식량과 위생 시설이 부족한 게 위험의 원인이었지만, 오늘날 우리 사회에서 위험은 사회 안의 내부 갈등과 모순, 물질과 기술의 과잉, 환경 파괴 때문에 생긴다는 겁니다. 음식을 너무 많이 먹어서 비만이라는 위험이 생기고, 에너지를 너무 많이 써서 환경 파괴와 사회적 불평등이 생기는 식입니다.

환경적으로 지속 가능하고 사회적으로 정의로울 수 있는 적당한 만큼의 에너지를 쓰는 게 우리 사회에 내재된 위험을 줄이고 환경 부정의 문제를 해결할 수 있는 가장 바람직한 방법입니다. 또한 민주적 방식으로 의사 결정을 해 환경 위험을 사회적으로 공평하게 나누는 것도 매우 중요합니다.

"너희 집 마당에
핵발전소 지어라"

환경정의는 부산 가덕도에서 밀양에 이르는 길을 걸으며 '개발'이라는 이름 아래 고통받고 있는 자연과 사람을 만났습니다. 밀양 주민들은 매주 수요일 저녁 7시마다 주민의 의사는 무시한 채 76만 5000볼트급 송전탑을 세우려는 정책에 반대해 촛불 집회를 열고 있습니다. 밀양 평밭마을 주민을 만나 자세한 이야기를 들었습니다.

"너희 집 마당에 지어라"

서울에서 살다가 할아버지가 돌아가시고 나서 시골에 집 지어 살려고 이곳 밀양 평밭마을에 들어온 지 10년 정도 됐어요. 여기 평밭마을은 참 좋은 마을이죠. 공기도 좋고 꽃이 피면 참 좋아요. 평소에 조용하고, 주말에 등산객이 많이 오는 곳이에요. 그런데 요즘은 데모하느라 너무 힘이 듭니다. 이 나무 저 나무로 뛰어가다 많이 넘어져 다리가 아파 약을 먹고 있다니까요.

농성장 세 개 지을 때 정말 춥고 힘들었죠. 동지에 한전에서 나무 벨 때는 눈도 얼굴도 얼 정도로 춥고 힘들었어요. 그때는 도와주는 사람 하나 없었고, 경찰도 한전 편이었답니다. 송전탑은 어떻게든 막아야 한다고, 밀양에서 평밭마을, 부북면 등 정말 열심히 싸우고 있어요. 여러 곳에서 도움을 주니까 할 수 있지 우리끼리 할 수 없는 일이에요. 고생도 여럿이 하면 참을 만하니까요. 아들이 걱정을 많이 하고 있지만, 응원해주고 있어 힘이 됩니다. 어서 이 송전탑 싸움이 끝나 밭이나 일궈야지⋯⋯.   — 평밭마을 최고령인 여든다섯 살 사래 할머니

"송전탑 때문에 공동체가 상처받고 와해됐어요"

밀양 송전탑은 근본적으로 에너지 정책의 문제에요. 부산에 핵발전소가 10개나 있는데, 상상을 초월하는 문제를 낳을 수 있습니다. 불확실하고 위험성이 높은 게 전기인데, 좋은 점만 이야기하고 문제점은 쉬쉬하며 이야기하지 않아요. 생산력과 경쟁력만 중요하게 여기고, 환경은 고려하지 않는 지금 우리 사회에 안타까운 게 참 많습니다.

송전탑 문제가 해결되면 이 문제로 상처받은 사람들을 다시 화합시키는 게 가장 먼저 풀어야 할 숙제입니다. 공동체가 와해되고 몇 년 동안 쌓인 오해들이 있습니다. 다시 사람답게 살려면 마음을 열어야 합니다. 지금은 송전탑 반대 운동을 하는 이웃 사람들끼리 공동체처럼 지내고 있는데, 이게 시작이라고 생각해요. 더불어 원자력과 핵에 관한 대안과 행동을 함께 찾아나갔으면 좋겠습니다.   — 평밭마을에서 묘목을 기르는 아저씨

가난한 사람들이
더 비싼 에너지 쓴다고?

고정근
(환경정의연구소 국장)

2005년 7월 10일 경기도 광주에서 한 여중생이 촛불을 켜고 자다 불이
나 숨지는 사고가 일어났습니다. 넉 달째 전기 요금을 내지 못한 탓에
한 달 전부터 전기가 끊겨 밤에 촛불을 켜고 살았다고 합니다. 하룻밤
의 도시 정전도 경험하지 못한 사람들에게는 무척 낯선 소식입니다. 이
사건은 우리 사회에 '에너지 빈곤'이라는 화두를 던졌습니다. '에너지 빈
곤'이란 과연 무엇일까요? 첨단 현대 사회에 어울리지 않는 에너지 빈
곤, 우리 사회는 얼마나 심각할까요?

에너지는 우리가 살아가는 데 없으면 안 되는 필수재입니다. 에너지가 있어야 공장을 움직여 제품을 만들고, 자동차를 움직이고, 밥을 하고, 빨래를 하고, 청소를 하고, 냉방과 난방을 하고, 음식을 보관할 수 있습니다. 텔레비전, 컴퓨터, 스마트폰 등 생활에서 쉽게 접하는 물건도 에너지가 필요합니다. 그래서 에너지를 쓰는 범위는 매우 넓지만, 우리가 여기서 다룰 '에너지 빈곤'의 무대는 '가정'으로 한정하겠습니다. 보통 '실내 적정 온도를 유지하는 데 한 가구의 소득 대비 에너지 비용 지출이 10퍼센트 이상인 가구'를 에너지 빈곤 가구로 정의합니다. 지금 한국은 150만 가구가 여기에 들어간다고 짐작하고 있습니다.

예를 들어보죠. 4인 가족인 전지구 씨 집의 월평균 수입은 200만 원으로, 국가에서 정한 최저 생계비(2014년, 4인 가구 163만 820원)보다 약간 높습니다. 전지구 씨 가족이 사는 집은 20년 된 25평짜리 빌라로 도시가스를 씁니다. 집이 오래된 탓에 외풍이 세고 단열이 되지 않아 여름에는 덥고, 겨울에는 보일러를 틀어도 추워 두꺼운 옷을 입고 있어야 합니다. 한 달 전기료는 2~3만 원이고, 도시가스 요금은 겨울철이 아니면 1만 원도 나오지 않습니다. 그런데 2012년 10월 말부터 시작된 겨울에는 100년 만에 기록적인 폭설과 강추위가 밀어닥쳐 온 나라가 꽁꽁 얼었습니다. 겨울도 유독 길어서 다음해 3월 말까지 보일러를 틀지 않으면 집 안에서 지내기도 어려울 정도였습니다.

전지구 씨 가족은 그해 겨울을 어떻게 보냈을까요? 3살과 6살짜리 아이가 있는 전지구 씨 가족은 겨울 동안 도시가스 요금만 25~30만 원

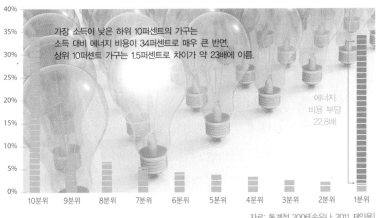

한국의 소득 대비 에너지 비용 비율

가장 소득이 낮은 하위 10퍼센트의 가구는
소득 대비 에너지 비용이 34퍼센트로 매우 큰 반면,
상위 10퍼센트 가구는 1.5퍼센트로 차이가 약 23배에 이름.

에너지
비용 부담
22.8배

10분위 9분위 8분위 7분위 6분위 5분위 4분위 3분위 2분위 1분위

자료: 통계청 2006[송유나 2011 재인용]

을 썼습니다. 그런데도 집 안 온도는 겨우 16도 정도였습니다. 보일러를 틀어도 단열이 되지 않으니 열이 다 밖으로 새어 나갔습니다. 결국 보조 난방으로 전기난로와 전기장판을 써 전기 요금도 5~6만 원으로 껑충 뛰어버렸습니다. 전지구 씨는 겨울 다섯 달 동안 도시가스 사용료와 전기 요금의 합(광열비)이 30~41만 원으로 월수입의 15~21퍼센트나 됐습니다. 난방비가 많이 드니 자연스럽게 다른 생활비를 줄이고 빚도 내야 했습니다. 어떤가요? 전지구 씨 가족의 사정은 꾸며낸 이야기이지만, 우리 주변에서 쉽게 접할 수 있는 에너지 빈곤 사례입니다. 국내 에너지 빈곤이 150만 가구라지만 통계 자료를 활용한 추정치일 뿐 실제로는 더 많은 사람들이 에너지 문제로 고통받고 있습니다.

요즘 기후변화에 따른 폭염과 한파가 우리의 삶 자체를 크게 위협하고 있습니다. 2012년 기록적인 폭염으로 전국에서 12명이 사망했는데,

정부 발표를 보더라도 홍수와 태풍보다 폭염 때문에 죽는 사람 수가 많았습니다. 또한 유럽 15개 도시를 대상으로 한파와 사망률의 관계를 연구하니 기온이 1도 떨어지면 하루 전체 사망자는 1.35퍼센트, 심혈관계 질환자는 1.72퍼센트, 호흡기계 질환자는 3.3퍼센트, 뇌혈관계 질환자는 1.25퍼센트가 늘어났습니다. 한국도 몇몇 병원에서 응급실에 온 환자를 대상으로 조사한 결과 체감 온도가 1도 떨어지면 저체온 의심 사례가 8퍼센트 늘어난다고 합니다. 오랜 시간 동안 추위에 시달리면 우리 몸은 중심 체온을 유지하려고 혈관을 수축하게 되는데, 차가운 혈액은 순환하기가 어려워 여러 질환이 생긴다고 합니다. 이렇게 몸 밖의 기후는 인체의 건강을 유지하는 데 절대적인 영향을 미칩니다. 이제 우리는 '에너지 빈곤' 문제에 관심을 둬야 합니다.

에너지 빈곤과 에너지 기본권

에너지 빈곤 문제는 왜 생길까요? 보통 소비는 소득에 비례해서 나타납니다. 돈을 많이 벌수록 소비도 늘어나는 게 상식인데요. 몇 가지 예외가 있습니다. 단적인 예가 의료비입니다. 성형과 미용 등에 쓰는 의료비를 빼면 돈이 많다고 병원에 더 자주 가지는 않습니다. 오히려 가난한 사람들이 질병에 더 취약하고 병원비 부담이 더 큽니다. 그런데 에너지도 사정이 비슷합니다. 부자가 가난한 사람보다 에너지를 많이 쓰지만 소득이 6배 많다고 해서 6배 더 많은 에너지를 소비하지는 않습니다. 월수입에서 6배 차이가 나는 가난한 집과 부자 집의 에너지 소비량은 2

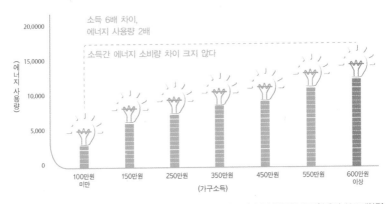

소득 계층별 에너지 소비량(단위 10^5kcal)

소득 6배 차이,
에너지 사용량 2배

소득간 에너지 소비량 차이 크지 않다

자료: 에너지경제연구원 2009[송유나 2011 재인용]

배 정도밖에 차이가 안 납니다. 소득이 높을수록 에너지 소비량은 늘지만 증가폭은 적습니다. 다시 말해 소득에 크게 상관없이 생존에 필요한 기본 소비량이 있는 겁니다. 이 필요한 에너지를 감당할 능력이 없으면 '에너지 빈곤' 문제가 일어납니다.

그렇다면 에너지 빈곤은 개인의 책임일까요? 그렇지 않습니다. 한국 헌법은 '모든 국민은 인간으로서의 존엄과 가치를 가지며 행복을 추구할 권리'인 행복 추구권을 규정하고 있습니다. 또한 국민은 인간다운 생활을 할 권리가 있으며 국가는 이 권리를 보호할 의무가 있습니다. 이것이 바로 헌법이 보장하는 사회적 기본권입니다. 사회적 기본권에 따르면 인간의 삶을 유지하는 데 필수적인 에너지를 사용할 수 있는 권리는 '에너지 기본권'이라고 할 수 있습니다. 국가는 국민들의 에너지 기본권을 보장하기 위해 '에너지 빈곤' 가구를 보호할 의무가 있습니다.

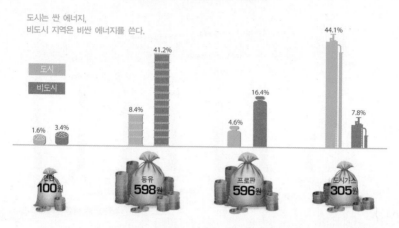

지역별 에너지원별 소비 비중(%)

도시는 싼 에너지,
비도시 지역은 비싼 에너지를 쓴다.

도시
비도시

1.6% 3.4%
8.4%
41.2%
4.6%
16.4%
44.1%
7.8%

연탄
100원
등유
598원
프로판
596원
도시가스
305원

자료: 경기개연구원 2013

　지금 한국은 모든 사람들에게 기본적인 에너지를 제공하지는 않습니다. 대부분 정해진 값을 치르고 사서 쓰고 있죠. 전기 요금, 가스 요금, 석유 구입비 등이 그렇습니다. 그렇지만 소득이 없거나 매우 가난한 극빈층은 국민기초생활보장법에 따라 기초 생계비를 지원받습니다. 그 생계비 항목 중 '수도광열비'(전기, 연료, 수도 요금, 2013년 4인 가구 기준 11만 원)가 책정돼 있습니다. 그런데 이런 혜택을 받지 못하는 저소득층이 많고, 매달 같은 금액이 나오다보니 정작 연료비가 많이 드는 겨울을 버티내기 쉽지 않습니다.

　더 큰 문제는 가난한 사람이 더 비싼 에너지를 쓴다는 사실입니다. 연료별 열량당 난방비는 연탄을 100으로 할 때 도시가스와 지역난방이 300원인 반면 프로판가스와 등유는 600원 정도로 두 배 더 비쌉니다. 그런데 도시가스 보급 비율은 도시 지역이 44퍼센트이고 농산어촌 지역이 7.8퍼센트로 차이가 큽니다. 가난한 사람이 비싼 등유를 쓰는 비율이 전체 평균보다 2.5배 높습니다. 소득은 적은데 부자보다 더 비싼 에너지를 써야 하는 불평등한 상황입니다.

세 마리 토끼 잡는 주택 에너지 효율화

에너지 빈곤은 한국만 겪고 있는 문제가 아닙니다. 이미 오래전부터 에너지 빈곤 대책을 마련한 영국과 미국은 국가 차원에서 체계적인 지원을 하고 있습니다. 영국의 '주택 난방과 에너지 절약법Warm Homes and Energy Conservation Act 2000'과 미국의 '주택 단열 지원 프로그램Weatherization Assistance Program'이 대표적입니다. 이런 대책의 공통된 특징은 연료를 값싸게 공급하는 것보다 주택의 에너지 효율을 높이는 데 주목한 점입니다. 겨울만 되면 가파른 달동네에 대기업 임직원들이 모두 나와 연탄을 나르는 한국하고는 해법이 다릅니다. 영국과 미국은 밑 빠진 독에 물을 쏟아붓는 게 아니라 독을 먼저 고치는 방식으로 다가갔습니다. 단열이 안 되는 집은 기름보일러를 아무리 돌려도 따뜻해지지 않고 비싼 기름값만 써야 하는 문제를 제대로 짚은 겁니다.

미국의 주택 단열 지원 프로그램은 1976년부터 40여 년 동안 시행됐습니다. 저소득층 가구를 대상으로 건물 단열, 냉난방 시스템, 전력 시스템 등 다양한 분야의 에너지 효율을 개선하는 사업입니다. 집이 크고, 복층 구조이며, 목조 주택이 많은 미국은 오래된 주택의 집 안 곳곳에서 에너지가 새고 있습니다. 기밀성 테스트를 하거나 적외선 카메라 등을

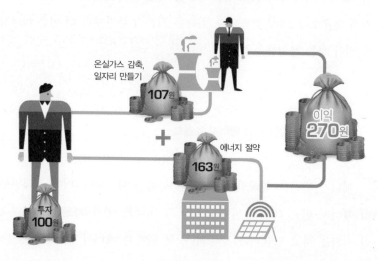

주택 단열 지원 프로그램의 비용 편익 분석

온실가스 감축,
일자리 만들기

107원

+

163원

에너지 절약

이익
270원

투자
100원

써 바깥 공기가 들어오는 곳과 단열이 문제인 곳을 정확히 찾아 적당한 곳에 꼭 필요한 공사를 진행합니다. 이런 주택 단열 지원 프로그램은 투자 대비 효과가 큽니다. 사업 효과를 평가할 때 보통 비용 편익 분석을 합니다. 내가 사업을 할 때 100원을 투자해 이익이 얼마 나는지 계산하는 겁니다. 100원을 투자해서 90원 수익이 나면 그 사업을 할 이유가 없겠죠. 주택 단열 지원 프로그램은 1달러를 투자하면 가구당 2.73달러의 이익이 납니다. 그중 1.63달러는 에너지 관련 이익이고, 1.07달러는 온실가스 절감, 일자리 창출, 복지 개선 등 사회적 효과입니다. 주택이 에너지 효율을 높이면 에너지 비용이 줄고, 화석 연료를 적게 써 지구 온난화를 악화하는 온실가스를 덜 내뿜으며, 대기업이 아니라 지역의 집수리 업체에 연계해 일자리를 만들어 지역 경제에 이바지합니다. 서비스를 받은 가정은 따뜻하고 쾌적해진 집 덕분에 추위에 관련된 질병을 예방할 수 있고, 절약한 난방비로 다른 생필품을 사거나 교육비로 쓸 수 있어 빈곤을 개선하는 데 도움이 됩니다. 한 번에 세 마리 토끼를 잡는 셈입니다.

에너지 빈곤이라는 말은 아직 우리에게 낯섭니다. 에너지 비용으로 쓰는 돈이 가정 월수입의 10퍼센트를 넘으면 에너지 빈곤 가구라고 연구자들은 정의하지만, 피부에 잘 와 닿지 않습니다. 당장 돈이 없어 전기장판으로 겨울을 나는 사람들은 정부의 에너지 빈곤 통계에 포함되지 않을 가능성이 매우 큽니다. 정부에서 에너지 효율 집수리를 지원한다고 해도, 도시 세입자는 현실적 장벽이 많아 지원을 받기가 쉽지 않습니다. 집주인의 동의를 얻어야 하고, 집을 고친 뒤 임대료가 올라가면 오히려 쫓겨나기도 합니다. 또한 '주택 에너지 효율화 사업'을 추진하고 있지만 비용이 충분히 지원되지도 않습니다. 이번에는 창 하나 바꾸고 다음에는 한쪽 벽만 단열 공사를 하는 식으로 진행돼 사업의 효과를 기대하기 어렵습니다.

에너지 부정의, 더울 때 덥고 추울 때 추운

지금 서울에 있는 주택의 52퍼센트가 1980년대 이전에 지은 집이라고 합니다. 서울 시민의 50퍼센트는 에너지 효율이 낮은 집에서 비싼 비용을 내고 추운 겨울을 지내고 있는 셈이니, 빈곤층만 이런 집에 사는 게 아닌 겁니다. 한편 쪽방촌에 사는 노인들에게 여름과 겨울 보내기는 비용 문제를 넘어 생존이 달린 문제입니다. 갈수록 포악해지는 기후는 가장 먼저 사회적 약자를 위험에 몰아넣기 때문입니다.

빈곤 문제는 시대 상황에 따라 달라집니다. 영국의 한 연구 기관은 고유가 시대에 에너지 가격이 1퍼센트 오르면 에너지 빈곤 가구는 0.05 퍼센트씩 늘어난다고 말합니다. 인간다운 삶에 꼭 필요한 에너지가 불평등하게 배분되는 부정의한 현실은 바뀌어야 합니다. 앞선 나라들이 쌓은 경험과 아이디어가 충분하기 때문에 국가의 의지가 무엇보다 중요합니다. 국가의 의지는 국민들의 관심 속에서 만들어질 수 있습니다. 여러분은 에너지 빈곤 문제를 푸는 데 어떤 해법이 있어야 한다고 생각하나요?

5장.
쓰레기와 환경정의

오늘 내가 버린 쓰레기는
어디로 가는 걸까?

이상헌
(한신대학교 정조교양대학 부교수)

쓰레기 대란이 다가온다

인천과 김포 인근의 해안 간척지 2070만여 제곱미터(627만여 평)에 세워진 단일 규모로 세계 최대인 수도권 매립지. 1992년 2월에 만들어진 이곳에는 2013년 5월 현재 서울, 인천, 경기에 사는 2400만 명이 내보내는 하루 평균 1만 3400톤의 쓰레기가 들어옵니다. 수도권 매립지는 1, 2, 3, 4공구로 구성돼 있습니다. 1공구는 매립이 끝났고, 2공구는 매립 중이며, 3공구와 4공구는 아직 만들지 않았습니다. 애초에 만들 때는 그때의 폐기물 발생량을 고려해 2016년까지 매립지를 쓰기로 했습니다. 그렇지만 그동안 폐기물 재활용률이 늘고 소각 처리 기술도 발달해 쓰레기 반

수도권 쓰레기 매립지 현황

제4매립장(예정)
총면적: 3,380천m

수도권 쓰레기 매립지

제3매립장(예정)
총면적: 3,071천m²

제2매립장
총면적: 3,559천m²

제1매립장
(대중골프장)
총면적: 4,041천m
(녹색바이오단지포함)

녹색바이오단지
총면적: 957천m

기타부지
총면적: 1,355천m

청라국제도시

서울시 사용 연장

• 현재 매립장 55퍼센트만 사용하고
있고, 여유 공간이 충분히 있으니
2044년까지 연장하자.
• 오염자 부담 원칙에 따라 매립에 따
른 피해를 보상하겠다.

VS

인천시 사용 연장

• 지난 20년간 분진, 소음, 악취 등
으로 고통받음. 약속대로 2015년에
운영을 종료해야 한다.
• 자신들의 쓰레기를 다른 지역에서
처리하는 것은 오염자 부담 원칙에
맞지 않다.

입량이 크게 줄면서, 2013년까지 처음 예상한 75퍼센트보다 적은 55퍼센트만 썼습니다. 서울시는 매립지는 공공재이고 아직 여유 공간이 남아 있으니 사용 기한을 3공구와 4공구가 다 만들어질 2044년까지 늘리자고 인천시에 요구하고 있습니다. 반면 20년 가까이 쓰레기 반입 차량이 일으키는 분진과 소음, 매립장의 악취 등 불편을 참으면서 고생한 인천 시민들은 약속은 지켜져야 한다고 주장하며 2016년에 매립장 운영을 멈춰야 한다고 맞서고 있습니다.

서울시는 수도권 매립지에 관련해 그동안 인천시에 지원을 많이 했는데도 매립지 사용 기한을 늘려주지 않는 일은 지나치다고 봅니다. 2012년에 서울시는 2014년 인천 아시아경기대회 경기장(골프장, 수영장, 승마장) 건설 사업에 매립지 적립금 1645억 원을 지원하기로 했고, 경인 아라뱃길을 만드는 과정에서 생긴 부지 매각 대금 1025억 원도 인천시의 지역 환경 개선 사업 등에 다시 투자하기로 결정했습니다.

인천시는 서울시의 지원과 매립지 사용 연장은 서로 상관없는 일이라고 생각합니다. 그리고 '수도권 매립지 국가 환수 특별법 제정'을 주장하면서 환경부와 국회를 압박하고 있습니다. 특별법을 만들어 수도권 매립 허가권을 환경부가 단독으로 행사하게 하고 서울시 지분을 국가가 갖게 만들자는 겁니다. 매립장을 만드는 데 4년 정도가 걸립니다. 서울시가 대체 매립장을 만들기는 현실적으로 이미 늦었습니다. 지혜로운 타협안이 나오지 않으면 수도권, 특히 서울시에 쓰레기 대란이 일어날 것은 불 보듯이 뻔합니다.

수도권 매립지 갈등의 근본 원인은 무엇일까요? 도시 개발이 폐기물을 처리할 수 있는 도시의 수용 능력을 넘어섰기 때문입니다. 많은 사람들이 도시에 모여 살면서 폐기물을 만들어내는데, 이 폐기물을 도시 안에서 처리하기 어려울 정도로 도시가 개발된 겁니다. 서울시와 인천시가 모두 이런 문제를 안고 있습니다. 따라서 두 도시 모두 폐기물 처리 시설을 보유하고, 유지하고, 관리하는 데 드는 비용에 관한 권리와 책임이 있습니다. 어떻게 해결해야 할까요? 환경 부정의라는 관점에서 문제를 다뤄보겠습니다.

오염자 부담 원칙과 환경 부정의

환경부정의를 줄이려고 국제적으로 통용되는 중요한 원칙 중 하나는 '오염자 부담 원칙polluters-pay-principle'입니다. 환경 오염을 일으킨 사람이 오염을 처리하는 비용을 부담하는 게 바람직하다는 논리입니다. 물론 이 원칙은 경제적 비용을 주로 다루기 때문에 경제적 가치로 환산되기 어려운 문화적 요인, 심리적 요인, 윤리적 요인 등은 잘 다루지 못합니다. 그렇지만 환경정의를 위한 최소한의 장치입니다.

그런데 오염자 부담 원칙을 지키는 문제를 놓고 서울시와 인천시의 의견이 매우 다릅니다. 서울시는 오염자 부담 원칙에 따라 그동안 매립지를 만드는 데 많은 자금을 댔고 쓰레기 반입료 등 적잖은 비용을 냈습니다. 물론 수도권 매립지 주변 주민을 비롯한 인천 시민들은 서울시가 낸 돈이 자신들이 겪는 고통과 불편을 보상하는 데 충분하지 않다고 생각할 수 있습니다.

그렇지만 서울시는 이미 있는 매립지에 충분히 쓸 수 있는 공간이 수도권 매립지는 수도권 3개 광역 지방자치단체에서 배출한 쓰레기를 처리할 목적으로 1992년 2월 10일 개장했습니다. '김포 쓰레기 매립지'로 불리는 이곳은 난지도 쓰레기 매립장이 수용 한계에 다다르면서 서울시와 환경부가 공동 투자해 김포시 일부와 인천광역시 서구 거월로 61(백석동 58번지)에 속한 해안 간척지에 건설했습니다. 이곳은 여의도 면적의 6.7배입니다. 전체 매립 면적은 901만 평방킬로미터이고, 전체 매립 용량은 2억 2800만 톤이며, 전국 매립장 면적의 53퍼센트를 차지합니다. 단일 매립지로 세계 최대 규모의 쓰레기 매립지입니다. 제1매립장은 1992년 2월부터 2000년 10월까지 폐기물 6400만 톤을 매립하며 완료됐습니다. 이곳에 매립되는 전체 생활쓰레기의 비율은 서울시가 44퍼센트, 경기도가 39퍼센트, 인천시가 17퍼센트를 차지하고 있습니다. 매립지는 1~5공구로 나뉘어 기반 공사를 진행하고 있으며, 지분권은 환경부가 28.7퍼센트, 서울시가 71.3퍼센트를 소유하고 있고, 인천시는 '공유수면실시설계 인허가권'을 갖고 있습니다. 수도권 매립지는 지난 20여 년 동안 인근 지역 주민들에게 악취와 먼지, 침출수 때문에 생긴 오염, 각종 해충들로 피해를 줘 지역 주민의 쾌적한 환경권을 침해하고 있다는 문제가 제기되고 있습니다.

생활 폐기물 처리 현황

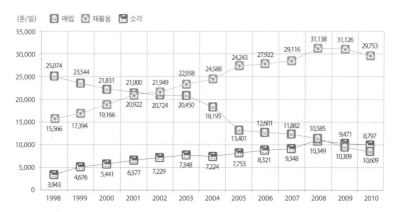

> 1995년에는 72.3퍼센트를 매립하고 23.7퍼센트만 재활용했지만, 쓰레기 종량제 실시와 재활용 정책에 따라 2010년에는 재활용률이 60.5퍼센트로 크게 높아지고 매립은 17.9퍼센트로 낮아졌다.

자료: 환경부, 〈2010 전국 폐기물 발생 및 처리 현황〉

지자체별 수도권 쓰레기 매립지 반입 현황

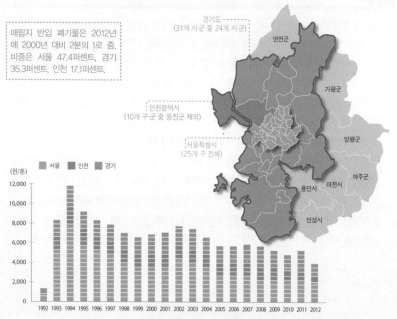

매립지 반입 폐기물은 2012년에 2000년 대비 2분의 1로 줌. 비중은 서울 47.4퍼센트, 경기 35.3퍼센트, 인천 17.1퍼센트.

경기도
(31개 시·군 중 24개 시·군)

연천군

가평군

양평군

여주군

인천광역시
(10개 구·군 중 옹진군 제외)

서울특별시
(25개 구 전체)

용인시   이천시

안성시

■ 서울   ■ 인천   ■ 경기

(천/톤)

자료: 〈수도권 매립지 통계연감〉, 2013

지자체별 수도권 쓰레기 매립지 반입 현황

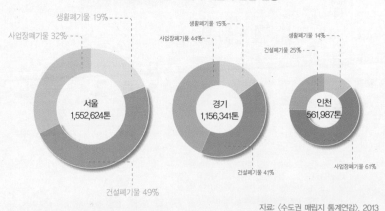

사업장폐기물 32%
생활폐기물 19%
서울
1,552,624톤
건설폐기물 49%

생활폐기물 15%
사업장폐기물 44%
경기
1,156,341톤
건설폐기물 41%

생활폐기물 14%
건설폐기물 25%
인천
561,987톤
사업장폐기물 61%

자료: 〈수도권 매립지 통계연감〉, 2013

있는데 쓰지 못하게 하는 것은 부당하다고 주장합니다.

한편 서울시와 인천시의 폐기물 처리 조건을 따져 지역 형평성을 고려해야 한다는 주장도 있습니다. 서울시가 매립 부지가 없어 많은 돈이 드는 소각을 해야 한다면 지역 형평성을 고려해 수도권 매립지에 관한 서울시의 권리를 존중해야 한다는 말입니다. 매립 기간을 좀더 늘리고 매립 때문에 생기는 피해도 충분히 보상한다는데 거부하는 인천시의 태도는 지역 특성을 무시한 횡포가 아니냐는 겁니다. 그러나 더 따져보면 서울시가 그동안 도시를 수익성 위주로 개발한 탓에 땅값이 올라 폐기물 처리 비용도 오른 만큼 형평성을 고려해야 할 문제는 아닙니다. 지역 형평성을 고려하자는 주장은 기득권을 옹호하는 논리입니다.

반면 인천시는 그동안 온갖 피해와 고통을 다 참아온데다 2016년에 쓰레기 매립지를 닫으면 인천이 발전할 새로운 기회가 온다고 믿었는데, 다시 시한을 더 늘려 발전을 가로막으려는 서울시의 시도는 일방적인 약속 파기이며 횡포라고 지적합니다. 서울시가 도시 발전에만 계속 집중하느라 매립지를 만들지 않았으면서 경제적 보상만 내세워 쓰레기를 다른 지역에 떠넘기는 태도는 오염자 부담 원칙에 맞지 않다고 주장합니다. 과연 어떤 방법이 두 지역 사이의 환경 부정의를 최소화하는 해결 방안이 될 수 있을까요?

공정한 정의와 믿음에 바탕한 공감

이해하기 쉬운 예를 들어보겠습니다. 친구랑 둘이서 피자를 먹습니다. 어떻게 하면 가장 공정하게 나눠 먹을 수 있을까요? 둘 중 한 사람이 먼저 피자를 반으로 나누고, 다른 사람이 나뉜 조각 두 개 중 하나를 먼저 선택할 수 있게 규칙을 정하면 됩니다. 이렇게 하면 서로 만족하면서 피자를 나눠 먹을 수 있을 겁니다. 어떤 편익이나 비용을 공정하게 배분하려면 서로 합의할 수 있는 규칙을 만드는 게 아주 중요합니다. 공정함이 정의를 수립하는 데 대단히 중요하다는 말입니다. 철학자 존 롤스John Rawls가 주장하는 '공정의 정의론Justice as fairness'은 수도권 매립지를 둘러싼 갈등 문제를 정의롭게 해결하는 데 도움이 될 만합니다.

롤스가 말하는 공정의 정의론은 크게 두 가지 기본 원칙으로 구성돼 있습니다. 첫째, 평등한 기본적 자유의 원칙입니다. 각 개인은 다른 사람들의 자유를 침해하지 않는 기본적 자유의 권리를 동등하게 갖고 있습니다. 이런 원칙에 기초해 민주 사회에서 개인은 사회적 협동에 참여합니다. 둘째, 기회균등의 원칙과 차등의 원칙입니다. 기회균등의 원칙은 직업 같은 기회가 구성원들에게 균등하게 제공돼야 한다는 원칙입니다. 차등의 원칙은 사회적으로 받아들여질 수 있는 불평등의 수준이 있다는 것으로, 사회의 불평등은 사회의 '최소 수혜자'들이 '최대로 수혜'를 받을 수 있는 수준까지 용인될 수 있습니다.

수도권 매립지 갈등 문제를 해결하는 데 공정의 정의론을 적용해보겠습니다. 이 문제에는 차등의 원칙이 중요하게 고려될 수 있습니다. 어떤 이유든 서울시가 약속을 깨려고 하는 행동은 문제가 있습니다. 처음에 2016년이면 분명히 매립장을 더 쓰지 않기로 계획했으면서도 대책을 마련하지 않았습니다. 평등한 기본적 자유의 원칙에 따르면 서울시가 자기 책임을 충분히 다하지 않은 겁니다. 그러나 현실적으로 외면할 수 없을 만큼 상황이 매우 심각합니다. 이 문제 때문에 정치적 충돌과 사회적 갈등이 일어날 수 있어서 더 걱정됩니다. 문제를 해결할 방법을 서둘러 찾아야 합니다.

무엇보다 서울시는 매립지 주변 지역 주민의 아픔을 최대한 이해하고 공감하려는 성의를 보여야 합니다. 경제적 보상만으로 문제를 해결할 수 있다는 믿음은 착각입니다. 갈등하고 있는 집단들 사이의 신뢰를 형성하는 일은 자주 무시되지만 갈등을 해결하는 데 아주 중요한 구실을 합니다. 신뢰가 전제되지 않은 상태에서 금전적 보상으로 문제를 해결하려 하면 오히려 새로운 갈등을 낳을 수 있습니다. 먼저 신뢰받는 지역 단체들을 중심으로 두 지역의 주민이 교류하거나 이해를 높이는 프로그램을 운영해 믿음을 회복해야 합니다.

환경 문제를 해결하는 과정에 오염자 부담 원칙이 대전제처럼 지켜져야 할 원칙이라면, 서울시가 폐기물 문제를 해결하려고 최선의 노력을 해본 다음에 이웃 지자체에 도움을 요청하는 게 옳은 순서입니다. 서울시는 밖으로 내보내는 쓰레기를 최대한 줄이고 내부에서 쓰레기를 처리할 수 있는 매우 현실적이고 구체적인 정책을 수립한 뒤, 그 정책과 방안을 인천시에 홍보하고 설득해 인천 시민들의 신뢰와 이해를 구하는 노력을 기울여야 합니다. 지금처럼 일단 용량이 남았으니 2044년까지 매립지를 쓰자는 방식으로 설득할 게 아니라, 서울시가 쓰레기를 내부에서 처리할 수 있는 시설을 만들 때까지 매립지 사용 기한을 늘리자고 설득해야 합니다. 그리고 연장되는 기간 동안 피해를 보는 지역 주민들에 관련된 보상안에 더해 지역 주민들의 복리가 실질적으로 늘어날 수 있는 매우 구체적인 방안과 현실적인 계획을 함께 제시해야 합니다. 그래야 차등의 원칙이 적용된 정의로운 해결 방법이라고 할 수 있습니다.

지금 갈등을 해결하려고 논의되고 있는 (가칭) 수도권 매립 부담금 신설, 매립지 반입 가산금 인상 등 재원 확보 계획, 수도권 매립지 주변 지역 지원에 관한 3개 시도 공동 조례, '폐기물처리시설 설치 촉진 및 주민지원 등에 관한 법률'에 권역 처리 시설에 관한 지원 사업을 신설하는 방안 등은 좋은 제안이지만, 아직 구체적인 안이 나오지는 않았습니다. 이런 제안들이 인천시 서구와 경기도 김포시가 앓고 있는 악취, 소음, 먼지 등 환경 문제를 실질적으로 해결하는 데 효과가 있다는 근거를 제시해야 할 겁니다. 그런 구체적 방안도 없이 쓰레기 대란을 피할 수 없고 매립지도 남아 있으니 시한을 연장하자고 밀어붙이는 방식은 기득권자의 횡포로 보일 수 있습니다.

인천에 전철을 만드는 비용을 서울시에 요구하는 등 막연히 인천 개발에 서울시가 돈을 쓰면 양보를 고려하겠다는 인천시의 태도도 문제가 있습니다. 주민들의 복리를 높인다는 평계로 제시된, 아라뱃길을 이용해 폐기물을 운반하는 방안은 얼마 동안 악취와 진동 문제를 해결할 수는 있지만, 아라뱃길의 수질 오염이 이미 심각할 뿐 아니라 해양 매립지를 활용하면 육상의 오염을 해상으로 옮기게 되는 만큼 길게 보면 더 큰 비용을 치를 수도 있습니다. 인천시는 특히 더 큰 고통을 받고 있는 매립지 주변 지역 주민의 복리가 실질적으로 늘어나려면 어떤 조치가 필요한지 구체적으로 제시하면서 서울시를 상대로 협상해야 합니다.

문제를 해결할 규칙이 필요하다

　매립지 주변 지역 주민의 복리가 구체적으로 늘어나는 범위 안에서 지금의 처리 방식이 낳은 피해를 받아들이고 정해진 기간 동안 허용하는 방식으로 해결 방법이 모색돼야 합니다. 이런 접근도 차등의 원칙이 적절히 적용되는 방식입니다.

　앞으로 3년도 채 남지 않은 기간 동안 문제를 해결할 규칙을 만드는 데 최선을 다해 쓰레기 대란을 지혜롭게 피해야 합니다. 이 갈등을 생태적 수용 능력을 넘지 않는 도시의 발전과 성장, 나아가 쓰레기 배출을 가장 적게 줄이는 방법이 무엇인지 성찰하고 대안을 모색하는 계기로 슬기롭게 활용해야 합니다. 길게 보면 환경정의를 실현할 길을 찾고 지속 가능한 사회로 가는 발판을 마련할 기회가 될 겁니다.

6장.
화학 물질과 환경정의

지역사회 알 권리?
지역사회 살 권리!

김신범
(노동환경건강연구소 화학물질센터 실장)

불산이 낳은 불신 — "어떻게 이렇게 늑장 대응을 할 수 있나요"

2012년 9월 27일 일어난 구미국가산업단지 4단지 휴브글로벌 불산 누출 사고로 5명이 죽고 검진 건수 1만 2243건이 기록됐습니다. 지금까지 피해 지역을 복구하고 피해 주민을 보상하는 데 모두 364억 원이 들었습니다. 그러나 정작 국민들을 놀라게 한 일은 하얗게 올라온 가스 구름이 아니라 정부의 늑장 대응이었습니다.

사고는 오후 3시 43분 불산 12톤이 새어 나오면서 시작됐습니다. 사고가 일어나고 40분이 지난 4시 20분에 구미시에 상황 발생이 접수됐고, 환경부는 오후 5시 정각에 사고 상황을 접수합니다. 사고 접수 자체가

휴브글로벌 사고 현장(2012년 10월 7일 촬영).

구미국가산업단지 4단지의 사고 현장부터 점점 노랗게 말라가는 은행나무들(2012년 10월 7일 촬영).

사고 현장 1.5킬로미터 밖 공원에서 불산에 노출돼 말라가는 은행나무 잎(2012년 10월 7일 촬영).

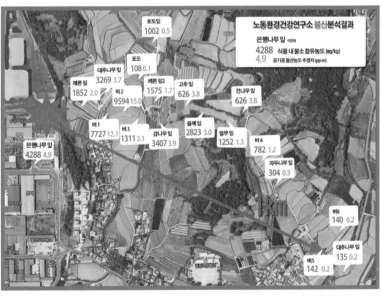

구미 휴브글로벌 주변 마을의 식물에서 확인한 불산 농도와 공기 중 농도의 추정치.

너무 늦었습니다. 구미시에서 5시 8분에 대피 통보를 내렸지만, 주민들은 이미 이장의 안내를 받아 자체 대피를 한 뒤였습니다. 구미시는 가까운 곳에서 일하는 노동자들에게 저녁 7시가 넘어서 대피 명령을 내렸습니다. 사고가 일어난 탱크로리의 불산 밸브는 밤 11시 40분에 최종 차단됐습니다. 환경부는 새벽 2시가 넘어 심각 단계 해제를 결정했습니다. 불소 농도가 낮아져 괜찮다고 했습니다. 구미시도 이런 결정에 따라 새벽 3시 32분에 상황을 해제했고, 아침 11시부터 대피한 주민들에게 귀가를 권유했습니다.

정부는 마을로 돌아와도 된다고 말했지만, 주민들은 정말로 괜찮은지 의심하기 시작했습니다. 이때부터 새로운 문제가 시작됐습니다. 몇몇 주민이 기침을 하다가 피를 보는 등 여러 이상 증상이 나타난 겁니다. 근처 공장에서 경비를 서던 사람들은 자기 눈앞으로 하얀 구름이 지나갔고 밤부터 기침이 나오기 시작했다며 나중에 무슨 병에 걸리는 게 아닌지 물었습니다. 그러나 아무도 답해주지 않았습니다. 주민들은 말라가는 나무와 풀을 바라보며 당황하기 시작했습니다. 공장에서 1킬로미터 넘게 떨어진 곳에서도 은행나무 잎이 마르기 시작했습니다. 결국 주민 340명은 정부의 조치를 믿지 못하고 10월 6일에 다시 대피했습니다.

정부가 불신을 낳은 이유는 여러 가지이지만, 주민들이 품은 의혹을 풀어주지 않고 무마하는 방식으로 대응한 게 가장 컸습니다. 환경부는 사고 다음 날 아침 9시쯤 검지관이라는 직독식 장비로 불산 농도를 측정해 1피피엠(ppm)이니 괜찮다는 말만 했습니다. 사고 때의 농도는 어느 정도이고 고농도로 노출된 사람들의 수준은 어느 정도일 테니 앞으로 어떻게 치료하겠다고 설명하지 않았습니다. 그러나 10월 7일 노동환경

화학 물질 사고 현황(2012년 9월~2014년 1월)

일자	사고 물질	지역과 회사	인명 피해
2012.9.27.	불화수소	구미, 휴브글로벌	사망 5명, 부상 18명
2013.1.12.	염화수소	상주, 웅진폴리실리콘	없음
2013.1.15.	불화수소	청주, (주)지디	부상 1명
2013.1.27.	불화수소	화성, 삼성전자	사망 1명, 부상 4명
2013.2.6.	염화수소	청주, OO호텔	부상 2명
2013.3.14.	가스 폭발	여수, 대림산업	사망 6명, 부상 11명
2013.3.22.	염소 가스	청주, SK하이닉스	부상 4명
2013.4.5.	염화수소	안산, 진성전자부품	부상 2명, 대피 20명
2013.4.15.	염소 가스	울산, 삼성정밀화학	부상 6명
2013.5.2.	불화수소	화성, 삼성전자	부상 3명
2013.5.6.	불화수소	시흥, 시화공단	없음
2013.5.10.	아르곤 가스	당진, 현대제철	사망 5명
2013.5.18.	불화수소	시흥, 트럭 전복	70여 명 긴급 대피
2013.5.18.	황산	군산, 배터리 공장	없음
2013.11.26.	고로 가스	당진, 현대제철(현대그린파워)	사망 1명, 부상 8명
2013.12.2.	고로 가스	당진, 현대제철	사망 1명
2014.1.31.	원유, 나프타	여수, GS칼텍스	부상 1명, 진료 340명, 방제 작업 1만 명
2014.2.13.	암모니아	구리, 빙그레	사망 1명, 부상 3명, 많은 주민 진료

출처: 이윤근 2014

건강연구소가 식물에 잔류한 불산 농도를 이용해 역추적한 결과 사고 때의 불산 농도는 지역에 따라 15피피엠까지 올라갔을 수 있습니다. 불산 밸브가 12시가 다 돼 잠긴 사실을 생각하면 가까운 지역은 농도가 더 높았을 겁니다. 이 정도 농도라면 사망은 아니더라도 매우 오랜 기간 동안 치료를 받아야 하는 호흡기 질병을 일으킬 수 있습니다.

시민들은 물었습니다. "어떻게 이런 사고가 날 수 있나요?", "어떻게 노동자와 주민들이 이런 위험을 까맣게 모르고 살 수 있었나요?", "어떻게 이렇게 늑장 대응을 할 수 있나요?" 구미 불산 누출 사고는 정부의 부실 대응을 그대로 드러냈고, 시민들은 화학 물질 관리 체계에 큰 구멍이 뚫려 있다는 사실을 실감했습니다.

연이은 사고와 습관이 된 거짓말

불행하게도 사고는 계속 이어졌습니다. 2013년 1월 15일 청주시 송정동 (주)지디에서, 2013년 1월 27일 수원시 삼성전자 화성사업장에서 또 불산이 새어 나왔습니다. 삼성전자에서 일어난 사고로 1명이 죽고 4명이 다쳤습니다. 불산 말고도 이런저런 화학 물질 사고가 이어졌습니다. 2013년 3월 14일 전라남도 여수국가산업단지 대림산업에서 대정비 작업 중 폭발 사고가 일어나 6명이 죽고 11명이 다쳤습니다. 2014년 1월 31일 전라남도 여수국가산업단지 GS칼텍스의 원유 부두에서 송유관이 파손돼 원유가 새어 나왔습니다. 여수 신덕마을과 오창마을 등 해안가 마을의 어장이 못쓰게 됐고, 새어 나온 원유를 제거하는 작업에 투입된 주민들은 두통 등 여러 증상을 호소했습니다. 2014년 2월 13일 경기도 구리시에 있는 빙그레에서 암모니아 가스가 폭발하면서 1명이 죽고 3명이 다쳤습니다. 이 사고로 근처 주민들까지 암모니아 가스에 노출됐습니다. 빙그레 사고 현장은 암모니아 농도가 낮아지지 않아 며칠이 지나도 사람이 드나들 수 없었습니다.

기업의 태도에서 심각한 문제가 드러나기 시작했습니다. 삼성전자는 같은 장소에서 두 번이나 불산 누출 사고가 일어났는데, 첫 사고 때는 사고가 일어난 다음 날 작업자가 죽은 뒤에 신고를 했습니다. 또한 불산이 새어 나오기는 했어도 아주 적은 양이고 공장 밖으로 나가지도 않았다고 해명했지만, 경찰이 폐회로 텔레비전^{CCTV}을 감식한 결과 사고가 일어난 건물의 문을 열고 송풍기로 불산 가스를 밖으로 빼낸 사실이 밝혀졌습니다. 불산 설비를 정비한 작업자가 불산에 노출됐는데도 건강 검진이나 의학적 조치를 하지 않아 죽게 했다는 비판도 받았습니다. 사고를 숨기려고 거짓말을 한 겁니다.

GS칼텍스의 원유 누출 사고는 새어 나온 원유의 양을 속이고 늦장 신고를 한 게 문제였습니다. 처음 해경은 원유와 납사 등 새어 나온 기름이 4드럼 800리터라고 알고 있었지만, 나중에 확인하니 약 1000배 많은 3770드럼 75억 4000만 리터였습니다. 40분이나 늦게 신고하고 새어 나온 양을 터무니없이 줄여 초기 대응을 어렵게 해 화를 키웠습니다. 피해는 고스란히 주민들에게 돌아왔죠. 40여 곳에 이르는 주변 어촌계 주민들에게 환경 재앙이 닥친 겁니다. 구리 빙그레에서 일어난 가스 폭발 사고는 두 시간 동안 통보되지 않아 주민들이 암모니아 가스에 노출되게 방치했다고 합니다. 여수 대림산업 폭발 사고는 계획보다 정비 기간

여러 자료로 살펴본 한국의 화학 물질 사고 현황

연도	신고된 사고 건수 (건)[1]	파악된 사고 건수 (건)[2]	피해 노동자 수(명)[3]	
			재해자	사망자
2000년		40		
2001년		26		
2002년		28		
2003년		42		
2004년	10	52		
2005년	6	53		
2006년	15	70		
2007년	16			
2008년	17		233	19
2009년	16		342	23
2010년	15		389	18
2011년	12		414	14
2012년	9			
2013년	18			

1) 환경통계포털(http://stat.me.go.kr/); 환경부, 《환경통계연감》, 2012; 환경부, 〈화학사고대비 관리·정책방향〉, 2013
2) 환경부, 《유해화학물질사고사례집》, 2007
3) 안전보건공단, 〈국정감사제출자료〉, 2012

화학 물질 사고 파악과 신고 건수 차이

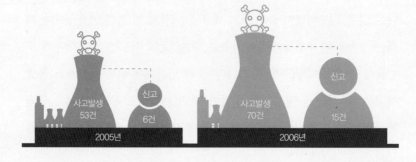

을 줄이려는 무리한 욕심이 부른 사고였습니다.

기업은 사고가 일어나면 먼저 사고 규모를 줄이고 수습한 다음에 신고합니다. 또한 사고 원인을 설비나 시스템 문제에서 찾지 않고 작업자의 단순 실수로 꾸미려는 습관이 있습니다. 사고 때문에 지역 주민들이 겪을 정신적 고통과 신체 피해와 재산 피해는 그다지 중요하게 여기지 않습니다. 기업이 사고를 바라보는 태도를 한마디로 정리하면 이렇습니다. '사고를 일으키면 안 된다'가 아니라 '사고가 나더라도 밖으로 알려지지 않게 잘 무마하면 된다'입니다. 이런 기업의 태도는 또다시 일어나는 사고를 막지 못하게 합니다. 삼성은 같은 장소에서 두 번이나 불산이 새어 나왔고, 현대제철은 가스 질식 사고가 1년 동안 세 번이나 일어나 7명이 목숨을 잃었습니다.

화학 물질 사고와 환경 부정의

화학 물질 사고에서 가장 큰 문제는 기업만 사고를 알고 정부와 시민은 모른다는 점입니다. 2012년 불산 누출 사고가 일어나기 전까지 정부가 접수한 화학 물질 사고는 1년에 20건이 안됩니다. 불산 사고가 일어난 뒤 2013년 1월부터 3월까지 신고된 사고가 벌써 다른 해의 1년 치를 넘어섰습니다. 그동안 사고가 일어나지 않은 게 아니라 쉬쉬하며 그냥 넘어간 겁니다. 환경부가 노동부, 소방방재청, 여수시청, 인제대학교 등 여러 곳의 사고 정보를 모아 정리한 자료에 따르면 2006년 한 해에 유해 화학 물질 사고가 70건이나 일어났다고 합니다. 같은 해 신고된 건수는 15건뿐입니다.

화학 물질 사고는 노동자와 주민의 피해를 낳습니다. 안전보건공단에서 국정감사 때 제출한 자료에 따르면, 2011년 한 해 화학 물질 누출 사고로 노동자 414명이 다치고 14명이 죽었습니다. 사업장 내부에서 드러난 피해가 이 정도라면 주민이 겪는 피해와 환경이 받는 피해는 어느 정도일까요?

다시 한 번 말하지만 화학 물질 사고는 정확히 파악되지 않습니다. 기업은 화학 물질 사고를 쉬쉬하고 숨겨왔습니다. 우리는 이런 상황을 더 내버려둘 수 없습니다. 어떻게 해야 할까요?

'사고에서 배운다'는 말이 있습니다. 사고가 한 번 일어나면 그 이유를 꼼꼼히 찾아내 똑같은 사고가 다시 일어나지 않게 대책을 세우기 때문에 생긴 말입니다. 기업에서 일어난 화학 물질 사고를 정부도 모르고 지역 주민도 모른다면 기업이 제대로 된 대책을 세울까요? 그렇지 않습니다. 청주에 있는 어느 공장 주변에서 해마다 나무가 말라 죽었는데, 불산이 이유로 밝혀졌습니다. 누출 사고가 잦았지만 아무 대책도 세우지 않았습니다. 지역 언론이 알고 주민들이 알자 부랴부랴 대책이 마련됐습니다. 사고를 대하는 기업의 태도는 지역사회가 아느냐 모르느냐에 따라 완전히 달라집니다. 그러니 기업의 비밀을 보호하면서 주민들에게 정보를 제공하지 않으면 기업이 사고를 예방하려 굳이 노력할 이유가 없고, 주민들은 더 위험해질 겁니다. 이것보다 더한 환경 부정의가 또 어디 있을까요? 바로 이런 이유 때문에 여러 국가에서 화학 물질에 관한 지역사회의 알 권리를 강조합니다. 정부가 기업을 감시하는 게 기본이지만, 지역사회도 기업을 감시하는 중요한 주체입니다.

욕심 많은 기업을 감시하는 주민의 알 권리

2008년 캐나다 토론토에서는 십 년이 넘는 논의 끝에 지역사회 알 권리를 법으로 만들었습니다. 시의회에서 조례로 제정한 겁니다. 내용은 이렇습니다. 토론토 시가 정한 고독성 물질 25종을 다루는 기업은 그 사실을 보고해야 합니다. 시는 주민들이 자기 주변의 공장에 고독성 물질이 있는지 확인할 수 있게 정보를 잘 정리해 홈페이지에 공개합니다. 주민들은 이 정보를 이용해 기업을 접촉했습니다.

아이가 다니는 학교 근처에 있는 기업이 고독성 물질을 쓰고 있다면 학부모 운영위원회 회의에서 안건으로 다룬 뒤 그 기업을 찾아가 안전 관리에 문제가 없는지 확인할 수 있었습니다. 단순한 법적 기준을 넘어서 기업이 주민을 안심시키고 공생을 위해 노력할 수 있는 분위기가 만들어졌고, 적극적인 기업은 고독성 물질을 아예 사용하지 않는 방안부터 검토했습니다.

미국은 한발 앞서 지역사회 알 권리를 법으로 만들었습니다. 1984년 인도 보팔에서 폭발 사고가 일어난 뒤 1986년에 연방 법령으로 제정됐으니 토론토보다 30년 빠른 셈입니다. 미국의 지역사회 알 권리는 크게 두 가지 내용을 담고 있습니다. 첫째, 주변 기업에서 사용하는 화학 물질 정보를 주민들이 알 수 있게 공개합니다. 둘째, 지역 주민이 참여해 사고에 대비한 비상 대응 계획을 만듭니다. 내가 사는 지역의 독성 물질 현황을 미리 파악하고, 어떤 사고가 일어나면 지역사회의 종합 대책을 만드는 데 지역 주민이 참여하는 겁니다.

한국에 이런 법률이 있었다면 구미 사고 때 모두 다른 방식으로 대

토론토 시에서 제공하는 화학 물질 정보 공개 시
스템 온라인 이용법 안내.

지역사회 알 권리 조례를 제정하려고 토론토의 시
민단체가 만든 오염 지도.

응하지 않았을까요? 구미 불산 누출 사고가 일어난 휴브글로벌 바로
옆에 있는 아사히글라스는 사고가 일어난 날은 물론 다음 날도 정상 조
업을 했습니다. 지역 주민과 노동자들이 참여하는 지역사회 사고 예방
계획이 있었다면 불산 누출 사고 지점 3킬로미터 안에 있는 사업장은
조업 중지와 대피를 의무화하지 않았을까요? 개별 기업이 알아서 대처
하는 방식이 아니라 지역사회의 규칙을 정하는 일은 매우 중요합니다.
기업은 아무래도 이윤과 손실을 먼저 생각하기 때문에 대피 결정을 내
리지 않다가 초기에 대응할 기회를 놓칠 가능성이 큽니다. 지금 한국은
개별 기업이 자체 방제 계획서를 작성한 다음 주민들에게 통보하는 식
으로 알 권리가 제한돼 있습니다. 주민이 참여할 방법이 없기 때문에 기
업의 욕심을 통제할 수 없는 상황입니다.

　지역사회 알 권리가 실현되려면 알 권리의 의미를 제대로 알아야 합니다. 지역사회 알 권리란 주민들이 수동적으로 정보를 알고 마는 상태를 말하지 않습니다. 주민의 행동과 참여를 전제로 삼습니다. 정부가 잘할 수 있으면 좋겠지만 틀림없이 한계가 있습니다. 그래서 주민 스스로 자신을 지킬 수 있는 행동을 할 권리를 보장하는 겁니다. 행동하려면 당연히 정보가 있어야 하기 때문에 알 권리라고 말하고 있을 뿐입니다.

　노동자와 지역 주민이 알아야 할 화학 물질 정보는 무엇일까요? 첫째, 지역사회에 있는 화학 물질의 종류와 규모를 알아야 합니다. 둘째, 밖으로 새어 나오면 환경과 건강에 피해를 줄 수 있는 화학 물질의 종류와 양을 알아야 합니다. 셋째, 사고를 일으켜 지역사회에 피해를 줄 수 있는 화학 물질의 현황과 지역사회의 비상 대응 계획을 알아야 합니다. 이런 정보를 노동자와 주민에게 제공할 뿐 아니라 주민이 참여해 정보를 만들고, 그런 과정에서 지역사회에 도사리고 있는 위험을 함께 의논하고 견제하고 줄일 수 있는 공동 행동을 꾸리는 게 바로 지역사회 알 권리입니다.

　지역사회 알 권리의 핵심 중 핵심은 주민이 참여하는 정보 생산입니다. 화학 물질은 어려운 정보들을 담고 있기 때문에 누구나 알 수 있는 형태로 다시 만들어야 합니다. 그렇지 않으면 너무 어려워 좋은 정보를 알아도 제대로 쓰지 못할 수 있습니다. 화학 물질 정보는 '유통량 조사 결과'에 있고 배출되는 화학 물질 정보는 '배출량 조사 결과'에 있는 만큼 지역사회의 전문가와 주민이 참여해 정보를 쉽게 만들면 됩니다. 지자체마다 '화학물질 주민정보센터' 같은 곳을 만들어 화학 물질의 유통 현황과 배출 현황을 잘 파악해 알리면, 자신과 가족의 생명을 지키려는 노동자와 주민들의 행동이 자연스럽게 시작되지 않을까요?

소리 없이 세상을 움직이려면 쇳가루 마셔라?

김민정
(한국환경사회학회 총무이사)

'환경'이 기업과 정치에서 인기 있는 소재로 떠오르고 있습니다. 환경운동에서 말하는 '환경'과 기업과 정치에서 말하는 '환경'을 구별하기 힘들어지거나 두 '환경'이 다르게 느껴지지 않을 정도로 이해관계가 복잡하게 얽혀버렸습니다. 공해 물질을 엄격히 규제하는 정책과 환경 관련 법은 환경을 오염하는 주체가 기업이라는 사실을 고발한 환경운동이 거둔 성과였습니다. '친환경 기업'이 대세로 자리 잡는 데 환경운동이 중요한 구실을 한 겁니다. 이제 환경을 무시하면서 기업 활동을 해서는 안된다는 여론이 만들어졌습니다.

요즘 산업 단지는 1970년대에 견줘 배출하는 오염 물질의 양이 다릅니다. 기업은 주요한 환경 오염원이라는 여론의 몰매에서 어느 정도 벗어났습니다. 그러나 기업이 일으키는 환경 오염이 과거보다 줄어든 것처럼 보여도 전반적으로 환경이 좋아졌다고 보기는 힘듭니다. 기업이 '환경 개선'을 이윤 추구의 수단으로 보고 있기 때문입니다.

기후변화 문제에 '비교적' 적극 대응하는 대표 기업이 포스코입니다. 2007년 포스코는 "일관 제철은 대규모 장치 산업으로 많은 자연 자원과 에너지를 사용하며 생산 과정에서 온실가스를 비롯한 여러 오염 물질과 부산물을 배출한다"고 인정했습니다. 전세계적으로 기후변화가 심각한 환경 문제로 떠오르며 논란이 되자 이산화탄소를 많이 내뿜는 제철 산업은 이산화탄소 배출량을 줄이는 기술이 수익을 내는 핵심 요소가 됐습니다.

친환경 제철소의 뒷면에 가려진 환경 문제는 생각보다 심각합니다. 제철소가 자리한 지역 주민들의 목소리는 기업의 이익을 위해 견뎌야 하는 고통의 크기를 바로 보여줍니다. 그런데 포스코는 제철소 근처에서 일어나는 환경 문제에 소극적으로 대처하거나 애써 무시합니다.

제철 산업과 환경 오염

전라남도 여수시, 순천시, 광양시와 경상남도 하동군, 남해군 등은 남해안 광양만에 접해 있는 지역입니다. 보통 광양만권이라고 부릅니다. 그런데 광양만권의 주요 오염원인 부유 먼지의 84퍼센트, 미세먼지의 84퍼센트, 이산화황의 67퍼센트, 질소산화물의 60퍼센트가 광양에서 나옵니다. 여러 지역 중 광양이 심각한 오염원을 배출하고 있는 겁니다.

광양만권 점오염원 배출량(단위: 톤)

항목		이산화황	일산화탄소	질소산화물	부유 먼지	미세먼지	비고
산업	전체	42,114	5,738	41,464	6,002	5,162	
	광양	28,177	48	24,675	5,048	4,341	
발전		7,639	1,413	19,560	388	279	여수, 호남, 하동

자료: 광양시, 〈광양만권 대기환경 개선실천계획 보고서〉, 2004
주: 점오염원은 화력 발전소나 연소 시설처럼 오염 물질을 대량 배출하는 시설인 대기 배출 업소를 말한다.

광양만 주변에는 광양 제철소와 연관 단지를 비롯해 지정폐기물 처리사업소, 여수석유화학단지, 율촌산업단지, 여수와 하동의 화력발전소, 컨테이너 부두 등 대형 공해 사업장이 몰려 있습니다. 1960년대 후반 중화학공업을 육성하면서 여수 국가산업단지가 만들어져 정유와 석유화학, 비료 공장 등이 들어섰습니다. 1982년 제철소가 가동되면서 광양만의 환경 재난은 더 심해집니다. 대기 오염, 기름 유출, 적조 현상, 중금속 오염, 산성비, 비산 먼지 등 다양한 환경 오염원 때문입니다.

2003년 사사분기에 환경부와 검찰이 환경 오염 배출 업소를 단속한 결과를 보면 광양제철소는 독극물인 시안을 비롯해 여러 부유 물질과 용해성 철 등이 들어 있는 폐수를 하루 평균 927톤 정도 불법으로 내보냈습니다. 배출 허용 기준치를 넘긴 양입니다.

2003년 2월부터 6월까지 4개월 동안 폐수 11만 1240톤을 공공 수역인 광양만에 무단 방류했습니다. 시안은 최고 7.5피피엠에서 평균 3.01

피피엠에 이르는 고농도 상태로 85킬로그램을 내보냈습니다. 폐수 배출 기준은 1.0피피엠입니다. 최고 2.863피피엠, 평균 1.365피피엠으로 배출 허용 기준 3피피엠에 가까운 고농도 상태의 페놀도 37킬로그램이나 방류됐습니다. 환경 단체는 광양제철소가 이미 2000년부터 불법 배출을 알고도 조치를 취하지 않았다고 비판했습니다.

2004년 10월 14일, 국회 환경노동위원회는 영산강유역환경청을 국정 감사하던 중 광양만 수질 오염의 책임을 추궁하려고 정준양 포스코 광양제철소 소장을 증인으로 채택해 신문을 진행했습니다. 주요 내용을 간단히 살펴보겠습니다.

■ 김영주 의원

질의: 광양제철소가 시안과 크롬 등 유해 화학 물질을 대량으로 대기와 바다로 유출한 사실이 있나?

답변: 인정함.

질의: 맹독성 청산가리(시안)를 의도적으로 배출한 것 아닌가?

답변: 무해한 것으로 잘못 생각해 관리함.

질의: 향후 대책과 책임질 계획은?

답변: 죄송하게 생각하며 지방자치단체 및 시민단체와 협의해서 풀 수 있도록 적극 노력하겠음.

■ 정두언 의원

질의: 서울대의 주민건강조사 연구 용역 발표회 하루 전에 반박 자료가 나간 것이 유례가 없는데, 자료 입수 과정이 궁금하며 제철 반박문에 오류가 있는데?

답변: 일주일 전 기사가 나갔으며 서둘러 반박한 것은 잘못됐음.

질의: 연구 내용을 반박할 것이 아니라 수렴하고 받아들여야 됨. 반박 일변도는 신뢰 잃음.

답변: 잘 알겠음.

■ 우원식 의원

질의: 광양제철이 2000년부터 2003년까지 황산화물과 먼지 등 배출 총량이 늘어났고 산성비와 오존 오염이 심각한데, 무슨 저감 노력을 했는지?

답변: 죄송함.

질의: 광양제철의 오염 물질 배출이 건강을 해치고 오존주의보 등 환경 문제를 일으키는데?

답변: 앞으로 2007년까지 총량 규제를 대비한 1500억 원 등 2000억 원을 투자해 개선하겠음.

보충 질의: 실제로 협의는 하지 않고 대화하자고 말만 하는 광양제철소의 태도를 잘 알겠음.
앞으로 그러지 않았으면 함.

답변: 알겠음.

제안: 시민 환경 단체에서 제안하고 있는 광양만권 환경 개선 특별법을 환경노동위원회와 관계 당
국이 관심 갖고 협의했으면 함.

■ 단병호 의원

질의: 불법 배출 폐수에 시안이 포함돼 있는 것 알고 있었나?

답변: 알고 있었음.

질의: 독극물 시안이 포함된 폐수를 바다로 흘려보낸 것을 어떻게 생각하나?

답변: 잘못됐음.

질의: 2000년 5월 24일 최초 발견한 뒤 3년이 됐는데, 인정하는가?

답변: 폐수처리장 5만 톤과 섞여서 30분의 1로 희석돼 문제없다고 생각함.

질의: 법 기준치 넘어서면 심각한 문제이며, 그 이하도 문제가 되지 않는가?

답변: 그 이하는 문제없다고 생각함.

질의: 광양제철이 가장 많은 오염 물질을 배출하고 영향을 미치는데 어떻게 책임질 것인지?

답변: 지방자치단체와 환경 단체 등과 환경개선대책위원회를 구성해 적극 참여하겠음. 피동적 입장에
서 의원님들 가르침으로 사회적 책임 의식을 갖고 전향적이고 미래적인 입장을 갖도록 하겠음.

■ 배일도 의원

질의: 증인이 제철소에서 30년 근무했는데 환경 시설을 비교했을 때 괄목할 만한 성장이 있었다고
생각하는지?

답변: 그렇게 생각함.

질의: 그러면 이전에는 지금보다도 훨씬 오염이 심각하고 마구 배출한 것 아닌가?

답변: ……(없음).

■ 김형주 의원

질의: 광양 지역에 다른 지역 오염 물질의 영향이 있다고 생각하는가?

답변: 명확한 증거는 없지만 있다고 판단함. 미세먼지가 태인동에 영향을 미치면 제철소 외 여수 산
단에서 같이 올 수 있음.

광양제철소 소장은 불법 배출 행위를 인정하고 시정하겠다는 약속을 하지 않으면 안 될 상황이었습니다.

소득 불평등

산업단지는 환경 피해, 생명 위험도와 건강 위험도, 질병 발생률, 환경권이 계급과 계층으로 나뉘는 사회 구조를 적나라하게 보여주는 곳입니다. 그럼 광양제철소에 가까운 두 지역을 중심으로 산업단지 근처에서 나타나는 환경 불평등을 살펴보겠습니다. 제철소의 위치는 심각한 환경 오염 지역과 덜 심각한 환경 오염 지역을 나누는 결정적 요인입니다. 오염원의 위치가 지역의 공간 분할을 결정하는 곳에서 소득 수준은 주거지를 선택하는 중요 변수입니다.

여기서 고용 형태에 따라 가계와 개인별 소득이 차이가 납니다. 포스코 정규직 사원들이 사는 금호동과 포스코 비정규직이나 포스코랑 고용 관계를 맺고 있지 않은 사람들이 사는 태인동 사이에 소득 격차가 생깁니다. 포스코 정규직 사원은 사원 주택이 있는 광양시를 비롯해 다른 지역에서 살 권리를 얻는데, 포스코 정규직 사원이 아니면 금호동 사

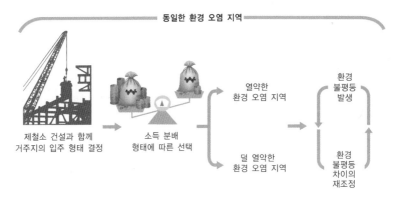

환경 불평등이 일어나는 사회 구조

원 주택에서 살 수 없습니다. 이곳에서는 고용 형태가 주거 공간의 형태를 결정하는 중요한 요인이 됩니다.

금호동과 태인동은 주거 환경과 소득 수준에서 뚜렷한 차이가 납니다. 금호동은 소비 생활과 의료, 문화, 교육, 여가 등 여러 영역에서 어느 정도 독자적인 생활권을 만듭니다. 주민 중 청장년층이 많고, 대부분 포스코 정규직 노동자이며, 기업이 만든 복지 시설을 이용할 수 있습니다. 제철소가 생기기 전부터 주거지로 이용되던 태인동은 주민 중 노년층이 많고 대부분 기초생활수급자와 저소득층이며, 복지 시설이 모자란 전형적인 농촌입니다.

환경 오염 방어력 불평등

섬진강 건너편 제철소에서 1200미터 정도 떨어진 태인동은 제철 산

금호동과 태인동의 주택가 모습

자료: 2007년 2차 현장 조사 때 촬영

태인동과 금호동의 특징 비교

구분	태인동	금호동
오염원과 거리	제철 산업 최대 오염원과 가까운 곳에 있는 마을	오염 공정에서 떨어진 완제품이 나오는 공장과 가까운 곳에 있는 마을
주거 형태	주택과 아파트	사원 주택
연령	노년층 중심	청년층 중심
계층	기초생활대상자와 저소득층	대부분 정규직 중심의 중간 계층과 하청업체 임직원 등
사회 기반 시설	사회후생복지 시설이 부족한 전형적인 농촌	제철소에서 제공한 다양한 사회후생복지 시설이 갖춰진 마을

업 중에서도 심한 환경 오염을 일으키는 제선과 제강 공정에 가까이 있습니다. 게다가 제대로 된 숲도 없습니다. 반면 금호동은 완제품이 나오는 압연 공정 옆에 있고 숲이 우거진 곳입니다.

대규모 제철소가 자리한 광양만의 환경 오염은 지역 전체에 영향을 끼칩니다. 그러나 완제품이 나오는 공정에 가까이 있는 금호동과 제철 공정에서 환경 오염이 가장 심한 곳에 가까운 태인동은 공간 불평등성을 뚜렷하게 보여줍니다. 이런 구조의 차이는 소득 분배의 차이로 나타나는 환경 오염 방어력의 불평등을 더욱 더합니다.

똑같은 오염원이 있는 지역도 소득 수준이 다르면 오염의 방어력, 특히 완충 기능을 하는 녹지를 만드는 과정에서 눈에 띄는 차이를 보입니다. 오염이 심한 곳에 있고 소득 수준이 금호동의 절반도 안 되는 태인동 주민이 받는 환경 피해는 아주 심각합니다.

금호동 주민도 제철 산업이 발생하는 환경 오염에서 자유롭지 못하지만 두 지역은 어느 정도 환경 피해에서 '차이'를 보입니다. 태인동과 금호동 주민이 환경 오염을 다르게 느끼는 이유는 불평등하게 만들어진 주택과 녹지 공간, 소득 차이에서 생기는 환경 오염 방어력의 불평등 때문입니다. 똑같은 오염원이 있는 지역이라도 오염의 정도에 따라 태인동 주민이 금호동 주민보다 환경 부정의를 더 느끼게 됩니다. 두 지역의 환경 불평등은 공간 불평등과 소득 차이가 포함된 인식의 불평등으로 이어집니다.

이윤 추구와 환경 불평등

환경 불평등이 생기는 사회 구조에서 포스코의 대응은 중요한 요인입니다. 포스코는 광양제철소를 짓는 초기 단계부터 사원 주택을 중요

광양제철소와 주변 지역 현황

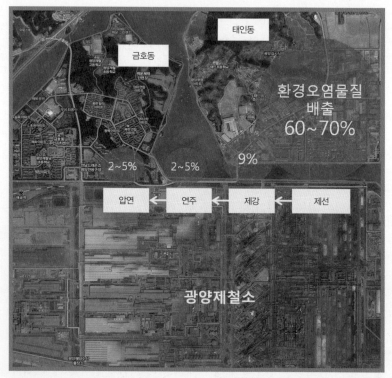

태인동

금호동

환경오염물질
배출
60~70%

2~5%   2~5%   9%

압연 ← 연주 ← 제강 ← 제선

광양제철소

자료: 포항제철, 〈기존 공장의 오염물질 발생량〉, 1994

한 항목으로 챙길 만큼 녹지 공간을 갖춘 자연 친화적인 제철소를 계획
했습니다. 공정상 오염 정도를 생각해 완제품을 다루는 공정 근처에 사
원 주택을 지었습니다. 그런데 친환경 주택은 기업이 더 많은 이윤을 추
구하는 데 필요한 항목 중 하나입니다.

　태인동 주민들의 환경권을 쟁점으로 만드는 과정에서 중요한 구실
을 한 광양환경운동연합 전 사무국장은 이렇게 말했습니다.

"태인동이 금호동처럼 아늑한 전원 주택 단지였다면 환경 문제를 제기하지 않았을 겁니다. 아니 금호동의 10분의 1만이라도 태인동의 환경 조성 사업에 투자했다면 포스코를 상대로 이렇게 힘든 싸움을 시작할 생각조차 하지 못했을 겁니다."

2004년부터 태인동 주민들은 포스코와 광양시를 상대로 환경권을 보장하라고 요구했고, 이런 저항 운동은 환경 개선 사업을 실행할 수 있는 계기가 됐습니다. 지역 주민들의 끈질긴 저항은 기업이 만들어낸 환경 불평등을 극복하려는 의지의 산물입니다. 4년여 동안 줄기차게 문제를 제기한 지역 환경운동이 아니었다면 그나마 초라한 환경 개선 사업마저 얻어내지 못하는 게 자본주의의 냉혹한 현실입니다. 그러나 포스코 관계자는 기업은 이윤을 추구하기 때문에 지역 주민들의 요구를 모두 들어줄 수는 없다면서 본심을 드러냈습니다. 기업은 환경보다 이윤을 먼저 생각합니다. 태인동의 심각한 환경 오염을 책임지지 않으려는 포스코의 태도가 이런 사실을 보여줬습니다.

'광양 시민 모두 쾌적한 환경에서 건강한 삶을 누릴 권리'는 현실에서 평등하지 않습니다. 평등한 환경권을 제약하는 과정에 포스코 광양제철소가 가장 많이 기여했습니다. 지역 주민이 환경권을 제대로 행사하지 못하는 상황에서 지역 주민의 의무와 포스코의 의무를 똑같이 다룰 수는 없습니다. 주민의 환경권이 위협받는 이런 현실은 포스코가 지금보다 더 많은 부담을 져야 한다는 사실을 보여줍니다.

포스코의 주가가 삼성전자의 주가에 가까이 다가가고 포스코 이구택 전 회장이 국제철강협회 회장에 오르는 등 성장하는 포스코의 밝은 앞면은 지역 주민의 훼손된 환경권이라는 어두운 뒷면이 함께 있을 때

만 가능한 일입니다. 용광로의 불꽃이 계속 타오르는 동안 지역 주민의
환경권은 계속 위협받을 겁니다.

포스코는 지역 주민의 환경권을 제약하고 생태계를 파괴하면서 성
장의 토대를 쌓았습니다. 이윤을 추구하는 기업의 활동은 산업단지의
환경 불평등을 만들고, 환경 불평등이 끊임없이 되풀이되는 사회 구조
를 더 단단히 하는 불편한 진실입니다.

성장의 그림자에 깃든 환경 불평등

광양제철소 주변의 환경 문제를 살펴본 결과를 네 가지로 정리해보
겠습니다.

첫째, 광양제철소 주변의 포스코 사원 주택과 다른 지역 사이에서
환경 불평등이 발견됩니다. 조금 덜 오염된 환경과 조금 더 오염된 환경
에 사는 문제가 개인의 소득 수준에 따라 결정되기 때문에 환경 불평등
도 개인 탓이 됩니다. 그렇지만 포스코가 들어설 때부터 기업의 주거 정
책에 오염의 불평등이 내재돼 있었습니다.

둘째, 소득의 차이는 환경 불평등의 정도에 영향을 미칩니다. 고용
형태는 금호동 주민과 태인동 주민 사이에 소득 수준과 주거 환경의 차
이를 만듭니다. 두 지역의 사회적 불평등과 경제적 불평등은 환경 불평
등으로 나타나는데, 태인동은 금호동에 견줘 환경 오염 방어력이 없고
더 많은 오염 물질에 노출돼 있습니다.

셋째, 제철소가 들어서면서 광양의 토지와 공간 활용이 바뀌었고, 많

은 인구가 들어왔으며, 지역에 기반을 둔 경제 활동 영역도 크게 바뀌었습니다. 특히 지역 경제가 포스코를 중심으로 운영되고 정치, 사회, 문화, 교육까지 영향력이 확대되면서 광양은 '포스코 공화국'이라는 이름을 얻었습니다. 포스코의 발전이 곧 국가 발전이자 지역 발전이라는 이데올로기 속에서 포스코는 별 어려움 없이 중앙정부와 지방정부가 준 혜택을 누리며 날로 성장했습니다. 무엇보다 1988년 공권력을 동원해 노동조합을 탄압한 뒤 채택한 적극적인 노동조합 포섭 정책은 노동자의 저항을 가로막는 구실을 했습니다. 포스코는 정규직 노동자들이 한 곳에 모여 사는 사원 주택 단지를 세워 가족 관계를 활용하는 일종의 내부 감시 제도를 만들었습니다.

넷째, 포스코의 생산 관계는 지역 주민의 건강뿐 아니라 자연환경을 심각하게 해칩니다. 이 지역의 대기와 수질을 관측한 자료와 피해를 입은 주민들의 호소가 이런 사실을 명확히 보여줍니다. 그러나 환경 오염을 관리하고 감독해야 할 지방정부는 이런 현실을 묵인했습니다. 최대 오염자인 포스코와 이런 일을 규제해야 할 지방정부의 방관 속에서 고통받은 주민들은 4년에 걸친 끈질긴 저항을 이어가야 했습니다.

포스코의 성장이 광양 지역의 환경 문제를 만들었습니다. 고용 형태에 따라 주거 환경이 결정되고, 소득 수준에 따라 환경 오염의 방어력이 달라집니다. 이런 이유 때문에 지역별 환경 불평등이 생깁니다. 태인동 주민을 중심으로 환경 불평등에 시달리던 지역 주민들은 포스코와 지방 정부에 환경 피해 대책을 마련하라고 요구했습니다. 결국 포스코와 광양시는 태인동을 대상으로 환경 개선 사업을 할 수밖에 없었습니다.

산업단지 근처의 환경 피해를 살펴보면서 사원 주택 단지에 사는 정규직 사원과 다른 곳에 사는 비정규직 사원을 만나 환경 피해의 차이를 직접 들어봤습니다.

—

사원 주택 단지가 있는 금호동에 사는 정규직 노동자들은 환경 오염은 감수해야 한다고 하면서도 개인적으로 오염을 이겨낼 방법을 찾고 있습니다.

"금호동에 비가 내리면 꼭 세차를 해야 합니다. 세차를 안 하면 금속 물질이 남아서 나중에 잘 지워지지 않죠. 특히 코크스 공정 지역은 다들 가기 싫어하고, 실제로 잘 가지 않습니다. 붉은 쇳물이 차에 묻으면 세차하기도 힘들기 때문입니다."　　　　　　　　— 광양제철소 냉연부에서 일하는 노동자 ○○○ 님

"지금은 돈 벌려고 금호동 사원 주택에 살고 있지만 태어날 아이를 위해 공기 청정기를 살 겁니다. 창문을 열어놓으면 공업 지역이다 보니 농촌 지역이랑 공기가 다르다는 걸 느껴요. 경제적 여유만 되면 광양읍에 나가 살고 싶어요."　　　　　　　　　　　— 사원 주택에 사는 노동자 ○○○ 님

"이 지역에 10년 살았는데, 처음에 결혼하고서는 별로 느끼지 못했습니다. 그렇지만 세월이 지날수록 몸 상태에 이상이 왔습니다. 처녀 때 없던 비염이 생겼고, 아이들도 비염과 아토피로 고생하고 있어요. 이곳에 갓 입주한 주부들은 자연 경관에 감탄하면서 좋아합니다. 그렇지만 오래 산 주부들은 건강 문제로 고민을 늘어놓고 있어요. 다들 이 문제의 원인이 저 제철소에 있다는 사실을 압니다. 어쩌겠어요. 아빠 직장인걸. 그래서 자포자기하고 살거나 아니면 돈을 열심히 모아서 이곳을 떠나기를 바랍니다. 그런데 치솟는 아파트 값 때문에 이곳에서 벗어나는 일은 더더욱 먼 이야기가 돼버린 지 오래입니다."　　　　　　　　　　— 포스코 단지에 살고 있는 주부 ○○○ 님

—

제철소에서 임금을 받아 살아가는 노동자들의 반응은 대체로 개인이 선택한 이상 환경 오염은 감수해야 한다는 것이었습니다. 개인이 자발적으로 선택한 직업이기 때문에 일에서 오는 불편은 감수해야 한다는 논리는 구조적 불평등을 개인적 취사선택의 문제로 돌리고 있습니다.

"깨끗한 공기를 마실 권리를 달라." 광양제철소에 가까운 태인동 주민의 절규는 기본 권리를 누리지 못하는 상황을 잘 보여줍니다.

"순천과 중마동에 사는 사람들은 와이퍼 브레이드를 6개월마다 바꾸는데 태인동은 2~3개월마다 바꿉니다. 남풍이 불 때, 태인 2구가 가장 심합니다. 비온 뒤 악취가 나는데, 이게 연탄가스 냄새랑 비슷해요."

— 태인동에 있는 자동차 정비소 노동자 ○○○ 님

"검은 재가 날려서 하늘에 뿌옇게 낀 적이 있습니다. 여름에 검은 재가 들어와 미처 창문 닫을 생각도 못하고 이불을 덮어 쓴 적이 있습니다. 흰 양말은 신지도 못해요. 바람이 마을 쪽으로 불 때면 악취 때문에 두통이 나서 잠을 잘 수가 없습니다. 20대에 태인동으로 시집온 뒤 만성적인 기관지염으로 고통받고 있습니다. 광양제철소가 가동된 뒤부터 가려움증과 코 막힘, 피부염, 만성 기관지염을 앓고 있는 마을 주민이 많아요. 2007년 10월 마지막 주에 폐암과 폐결핵으로 두 명(54살과 44살)이나 죽었습니다."

— 태인동에 사는 ○○○ 님

"창문을 열면 바로 제철소가 한눈에 들어옵니다. 여름에 더워도 먼지와 쇳가루 때문에 창문도 열지 못하고 지냅니다. 흰 양말은 1교시가 끝나기 전에 까맣게 변해 있어요. 운동장에 나가 놀지 않습니다. 체육 시간에 운동하기가 고약해요."

— 광양국가산업단지 안에 있는 태인동 ○○중학교 학생

지역 주민들의 피해는 건강 역학 조사에서 그대로 나타납니다. 태인동 주민들은 전세계의 제철소 근처 지역에서 공통으로 나타나는 호흡기 질환과 심혈관 질환, 알레르기성 질환에 많이 시달립니다. "국회의원이 방문하거나 환경 감시를 하기 하루 전 또는 얼마 전부터 제철소가 평소처럼 연기를 뿜지 않습니다." 태인동 주민들은 기업과 정부에 강한 불신을 드러내고 있습니다.

먼지가 되어 날아가야지
바람에 날려!

이지영
(인하대학교 의과학연구소 연구원)

일기 예보 보고 마스크 챙기고

초록이 싹트는 봄이 오면 누구나 겨울 외투를 벗고 아지랑이 피어오르는 따뜻한 햇볕을 맞으러 밖으로 나갑니다. 그렇지만 요즘은 봄소식보다 일기 예보를 듣고 외출을 해야 합니다. 가방 속에는 봄철 필수품으로 황사 마스크를 넣고 다녀야 합니다. 특히 어린이나 노약자에게 봄은 '겨울왕국'의 멈춘 시간처럼 집 안에 갇혀 있어야 하는 때입니다.

세계보건기구WHO는 2020년에 대기 오염으로 800만여 명이 사망한다고 예측했습니다. 사망 원인의 5퍼센트가 대기 오염이며, 30~40퍼센트가 천식, 20~30퍼센트가 호흡기 질환으로 대기 오염에 밀접히 연관된다

미세먼지 예보 등급별 행동 요령

		좋음	보통	약간 나쁨	나쁨	매우 나쁨	
예측 농도(µg/㎥·일)		0~30	31~80	81~120	121~200	201~300	301~
행동 요령	노약자	–	–	장시간 실외 활동 되도록 자제	무리한 실외 활동 자제 요청 (특히 호흡기, 심질환자, 노약자)	실외 활동 제한	실내 생활
	일반	–	–	–	장시간 무리한 활동 자제	실외 활동 자제	

15세 미만 호흡기 질환 사망률(인구 10만 명당)

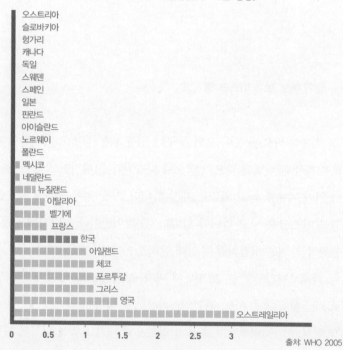

출처 WHO 2005

고 발표했습니다.

20세기 후반부터 세계적으로 천식 유병률과 발생률이 빠르게 늘어났습니다. 특히 대기 오염에 민감한 어린이들 사이에서 이런 흐름이 뚜렷합니다. 한국의 경우 15세 미만 호흡기 질환 사망률은 인구 10만 명당 0.72명으로 상대적으로 높고, 경제협력개발기구 주요 국가 25개국 중 19위를 기록하고 있습니다.

대기 오염 피해 상황을 보면 대도시의 대기 오염과 공단 지역 또는 매립지 등 특정 오염 지역에서 피해가 많이 일어납니다. 예전에는 공단 지역에서 많이 발생했지만 인구가 몰리고 자동차가 많아진 요즘은 대도시 주민들이 더 큰 피해를 겪고 있습니다. 2013년 자동차 누적 등록 대수가 1940만여 대를 넘어서면서 한국은 성인 2명당 자동차 1대를 갖고 있는 상황입니다.

교통 관련 대기 오염을 일으키는 대표적인 물질은 이산화질소를 포함한 질소 산화물, 미세먼지, 오존 등입니다. 이런 물질들을 줄이려고 수도권대기환경개선특별법 등을 만들었지만, 서울의 대기 오염도는 런던과 도쿄 등 선진국 대도시에 견줘 여전히 높습니다. 선진국 주요 도시에 비교할 때 서울의 미세먼지는 2~3.9배, 이산화질소는 1.6~2.0배 더 높습니다. 오존주의보 발령 횟수는 수도권 지역이 전국의 50퍼센트를 넘고, 연중 시간 최고 오존 농도는 다른 도시에 견줘 1.5~2배 높아 매년 0.150 피피엠을 나타냅니다.

미세먼지[PM10]는 먼지의 지름이 1000분의 10밀리미터보다 작은 먼지이고, 초미세먼지[PM2.5]는 지름이 1000분의 2.5밀리미터보다 작은 먼지로 머리카락 지름(60마이크로미터)의 20분의 1~30분의 1보다 작은 입자입

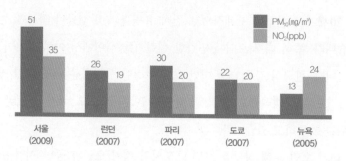

선진국 주요 도시의 대기 오염도 비교

PM₁₀(mg/㎥)
NO₂(ppb)

서울 (2009) 51 35
런던 (2007) 26 19
파리 (2007) 30 20
도쿄 (2007) 22 20
뉴욕 (2005) 13 24

자료: 환경부 2010

니다. 초미세먼지는 극미세먼지로 불리기도 합니다.

미세먼지는 우리가 숨을 쉴 때마다 폐로 들어와 폐 손상은 물론 심장 마비, 천식, 기관지염, 폐암 등 심각한 질병을 일으킵니다. 수도권에서는 미세먼지 때문에 해마다 2만여 명이 일찍 죽고 80만여 명이 폐 관련 질환을 앓아, 12조 3000억 원의 비용을 발생시킨다는 보고서가 발표되기도 했습니다. 초미세먼지는 매우 크기가 작아 기관지에서 걸러지지 않고 폐포까지 도달해 사망 가능성을 높입니다. 세계보건기구는 초미세먼지를 담배 같은 발암 물질로 분류했습니다.

초미세먼지를 포함한 미세먼지의 원인은 도로 이동 오염원인 자동차 배출이 52퍼센트로 가장 많고, 비도로 이동 오염원 30퍼센트, 제조업 연소 6퍼센트 순입니다. 자동차 중 35퍼센트를 차지하는 경유차(디젤 엔진 차량)는 미세먼지 100퍼센트와 이산화질소 79퍼센트를 내뿜습니다. 요즘 스포츠 실용차SUV 등 경유 레저 차량이 늘어나면서 오염 물질 배출량이 더 늘어나고 있습니다. 1995년에 13만 5000대 수준이던 레저 차량이 2007년에 117만 4000대로 12.7배 늘었습니다. 이런 흐름은 미세먼지 배출량을 늘리고 공기를 더 나쁘게 만들 수 있습니다.

대기 오염 때문에 일어나는 피해는 어린이, 청소년, 노인, 임산부 등 생물학적 약자와 공단 지역, 매립지, 교통 혼잡 지역 등에 살거나 일하는 지역 주민, 운전기사, 청소 노동자, 노점상 등 사회적 약자나 경제적 약자에게 더 크게 나타납니다.

우리 아이들이 위험하다

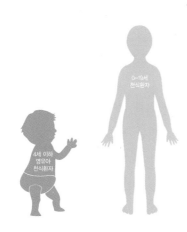

대기 오염의 주요 피해자는 어린이입니다. 어린이는 대기 오염 물질이나 화학 물질 등에 취약해 성인에 견줘 영향을 더 많이 받기 때문입니다. 고농도의 오존과 미세먼지에 노출되면 천식이 생겨 병원을 가거나 응급실에 실려갈 일이 늘고, 대기 오염 물질 중 오존이 늘어나면 알레르기 질환이 크게 악화합니다. 폐가 발달하는 성장기에 대기 오염 물질에 노출되면 질병 민감성이 높아지고, 어른이 된 뒤에도 담배, 직업에 따른 노출, 대기 오염 등 다른 오염 물질을 대할 때 민감성이 늘어납니다.

경유차가 뿜어내는 미세먼지와 질소 산화물은 어린이들에게 해롭습니다. 미세먼지가 많은 곳에 사는 어린이들은 폐활량이 줄어들 가능성

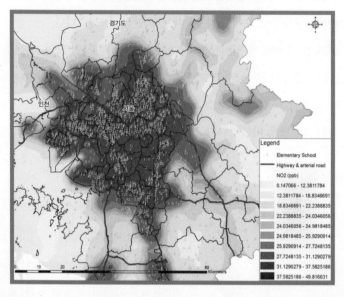

수도권 지역 대기 오염(이산화질소) 농도

이 있고, 폐가 너무 빨리 노화하거나 기관지염과 천식에 걸릴 위험이 높습니다. 미국의 도시 여섯 곳에서 공기가 오염된 정도와 그 도시에 사는 개인의 호흡기 건강이 맺는 관계를 살펴보니 잦은 기침과 기관지염 등 사춘기 어린이들에게 드물게 나타나는 호흡기 질환이 발생하는 비율이 초미세먼지가 발생한 횟수에 밀접히 관련돼 있었습니다. 화물차 노선이나 고속도로에 가까운 곳에 살거나 그런 곳에 있는 학교에 다니는 어린이는 천식에 걸릴 확률이 높아지고, 천식 때문에 입원할 확률도 높아지며, 폐 기능을 약하게 만든다는 연구들이 있습니다.

유럽연합이 독일 뮌헨에 사는 어린이 3577명을 대상으로 연구를 해보니 쌕쌕거림(천명), 천식, 기관지염 등이 교통 관련 대기 오염인 미세먼지와 이산화질소에 관련이 있었습니다. 큰길에서 50미터 안에 사는 어린이들이 쌕쌕거림, 천식, 기관지염을 앓을 위험이 컸습니다.

한국도 크게 다르지 않습니다. 국민건강보험공단 자료를 보면 천식 질환으로 진료를 받은 사람이 2002년 203만 명에서 2007년 239만 명으로 17.7퍼센트 늘었습니다. 특히 전체 천식 진료 환자 중 4세 이하 영유아가 23.8퍼센트였고, 0세~19세가 49.7퍼센트를 차지했습니다. 어린이 이용 시설이 대부분 교통량이 많은 길가에 있고, 수도권 지역 초등학교의 70퍼센트 이상이 대기 환경 기준(이산화질소) 초과 지역에 있습니다. 어린이들이 많은 시간 동안 대기 오염에 노출돼 천식과 호흡기 질환 등에 민감하게 반응할 가능성이 커질 확률이 높습니다.

또한 서울의 대기 오염과 영아 사망의 관련성을 살펴보니 미세먼지에 노출된 어린이는 호흡기계 질환으로 사망할 확률이 높았습니다. 미세먼지가 세제곱미터당 42.9마이크로그램이 늘면 영아 사망률이 14.2퍼센트나 늘어났습니다.

가난해서 더 많이 마시는 먼지

대기 오염 물질은 개인의 건강에 고르게 영향을 미치지 않습니다. 사회적 수준과 경제적 수준이 낮은 집단일수록 천식이 일어날 위험도가 높았습니다. 또한 서울에서 사회적 지위나 경제적 지위가 낮은 하위 8개 구는 상위 8개 구보다 천식 발작이 일어날 위험이 높았습니다.

대중교통 운전기사는 일반인에 견줘 자동차 배기가스 때문에 더 많은 피해를 봅니다. 특히 택시 운전기사가 노동 시간 동안 벤젠 등 휘발성 유기 화합물에 많이 노출됐는데, 그중 경유 차량을 운전하는 사람의 노출 농도가 더 높았습니다. 이렇게 대기 오염은 대표적인 환경 부정의 사례입니다. 대기 오염으로 피해를 입는 생물학적 약자나 사회적 약자와 경제적 약자를 위해 어떤 정책이 필요할까요?

자동차 이용을 줄이고, 보행자와 자전거 이용자가 다닐 안전한 통로를 마련하며, 걷거나 자전거를 타고 일터와 서비스 시설에 접근할 수 있게 해야 하며, 특히 자동차 속도만 줄이는 어린이 보호 구역이 아니라 경유 차량의 접근을 제한하는 '오염 없는 학교 지대pollution-free school zone'를 만들어야 합니다.

공기가 안 좋은 곳에는 학교를 세우지 말아야 하고, 새 학교를 지을 때는 환경영향평가와 건강영향평가Health Impact Assessment를 함께 실시하며, 새로 길을 만들 때는 근처에 있는 학교와 보육 시설에 초점을 둬 판단해야 합니다. 실내 공기 규제 주거 시설, 학교, 어린이 보호 시설, 놀이 시설, 공공건물, 작업장 실내 공기에 관한 가이드라인을 만들어야 하며, 주거와 비주거 빌딩을 대상으로 습도 조절과 환기에 관한 기술적 기준과 지침을 개발해야 합니다. 건물 밖에서 하는 체육 프로그램은 되도록 대기 오염 농도가 낮은 시간에 해야 합니다. 교사들에게 대기 오염의 건강 효과를 알리고, 대기 오염에 주의를 기울이게 하며, 천식을 앓는 아이들에게 스스로 자기 활동을 관리하는 법을 교육해야 합니다.

대기 오염 물질의 새로운 배출 기준을 정해야 합니다. 이산화질소, 벤젠, 에틸렌 옥사이드 같은 가스 오염 물질을 가볍게 여기면 안 되지만, 가장 중요한 것은 미세먼지와 초미세먼지입니다. 분진의 크기와 분진의 구성에 더 엄격한 기준을 새롭게 적용해야 합니다.

저소득층이 생계형으로 쓰는 낡은 경유 차량에 배출 저감 장치를 무료 지원하고 폐차할 때는 시세보다 비싼 값으로 사들이는 방법도 있습니다. 또한 대기 오염이 심각한 저소득층 주거지에 오염 관련 예산을 지원해야 하며, 대기 오염이나 자동차 배기가스로 피해를 입은 시민들에게 보상하는 제도도 만들어야 합니다.

아토피는
유전이 아니라고?

신권화정
(환경정의 다음지킴이국 국장)

도대체 알 수 없는 아토피

미국의 의사 로버트 쿠크는 세계 최초로 알레르기 클리닉을 열었습니다. 많은 알레르기 환자들을 만나며 쿠크는 알레르기 반응으로 설명할 수 없는 환자가 늘고 있다는 사실을 깨닫습니다. 꽃가루 날리는 철마다 유난히 콧물을 흘리고 재채기를 많이 하는 증세는 꽃가루만 없어지면 저절로 사라집니다. 그런데 어느 때부터 꽃가루, 먼지, 음식물 등 정확한 원인이 밝혀지지 않고 증상도 불규칙한 환자들이 생겨난 거죠. 쿠크는 1923년에 면역학자 아서 코카랑 함께 논문을 발표하면서 이런 질환을 '아토피'라고 이름 짓습니다. 아토피는 그리스어로 '이상한' 또는

'알 수 없는'이라는 뜻입니다. 이름처럼 아토피는 도대체 왜 일어나는지 명확히 알 수 없습니다.

사람의 몸에는 외부 변화나 자극에 맞설 수 있는 자체 면역 기능이 있습니다. 그렇지만 대부분의 사람에게 아무 문제도 일으키지 않는 물질이 어느 사람에게 천식, 가려움증, 배탈 등을 일으키는데, 이것을 알레르기 반응이라고 합니다. 우리 몸속의 면역 체계에 이상이 생겨 정상 세포까지 항원으로 인식하고 공격하는 과잉 면역 반응이 기관지 점막에 나타나면 천식, 코 점막에 나타나면 알레르기성 비염, 피부에 나타나면 아토피성 피부염입니다. 이 세 질환은 일정한 조건 아래 서로 영향을 주면서 나타나기도 하는데, 동시에 또는 시간 차이를 두고 하나씩 모습을 드러내 '알레르기 행진'이라고 부르기도 합니다.

아토피 안전지대는 없다

아토피 증상을 일으키는 요인은 크게 소인素因, 유인誘因, 원인原因으로 나눕니다. 먼저 소인은 체질을 말합니다. 어떤 사람이 알레르기에 취약한 체질을 타고나면 다른 사람들에게 아무렇지도 않은 원인 때문에 아토피 증상이 생길 수 있습니다. 유인은 환경 요인입니다. 정상 체질을 타고났더라도 오랜 기간 동안 독성이 강한 유해 물질이 계속 몸속에 들어와 몸이 망가지면 별것 아닌 오염 물질이 자극을 줘도 아토피 증상이 발생합니다. 원인이란 알레르기를 실제로 일으키는 물질, 다시 말해 알레르겐(항원)을 말합니다.

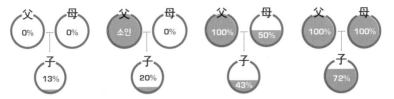

알레르기 질환의 부모 영향 관계도

*소인: 병에 걸리기 쉬운 내적 요인을 갖고 있는 몸 상태

유전 요인은 부모 중 특히 어머니의 영향을 많이 받는다고 합니다. 부모 중 한 사람이 알레르기 경향이 있으면 50퍼센트 이하, 부모가 모두 알레르기 경향이 있으면 70퍼센트 이상에서 알레르기 질환이 발생할 수 있다는 보고가 있습니다. 그렇지만 부모 모두 유전 소인이 없어도 알레르기 발생률이 13퍼센트나 되고, 요즘 들어 아토피를 비롯한 알레르기성 질환이 빠르게 늘고 있어 아토피의 원인을 유전 소인만으로 설명할 수는 없습니다.

요즘에는 산업화로 주거 형태나 식습관이 서구화되는 등 환경이 바뀌면서 환경 요인의 중요성이 강조되고 있습니다. 산업화 때문에 매연 등 환경 공해가 원인인 호흡기 질환이 빠르게 늘어났고, 식품 종류가 다양해지고 첨가물을 많이 쓰면서 음식물 관련 알레르기 질환도 늘어났습니다. 반려동물을 키우거나 침대나 소파나 카펫을 쓰는 서구식 주거 형태로 바뀌면서 집먼지 진드기 등 알레르기 원인 물질에 노출될 위험도 커지고 있습니다.

아토피 질환이 늘어나는 현상을 두고 전문가들은 경제 개발 때문에 발생하는 환경 오염과 도시화가 아토피랑 관련이 깊다는 의견을 내놓

아토피, 천식, 알레르기 유병률

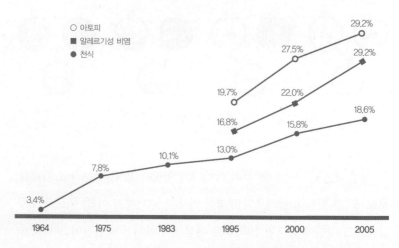

○ 아토피
■ 알레르기성 비염
● 천식

29.2%
29.2%
27.5%
22.0%
19.7%
18.6%
16.8%
15.8%
13.0%
10.1%
7.8%
3.4%

1964   1975   1983   1995   2000   2005

자료: 대한소아과 알레르기호흡기학회, 환경부 발표

지역별 알레르기성 질환 유병률

질환	전체	농촌	공단	대도시	중소도시
아토피	29.4%	21.5%	33.0%	31.9%	29.8%
알레르기 비염	28.4%	19.7%	32.3%	31.3%	28.8%
알레르기 결막염	19.2%	13.4%	24.4%	20.5%	19.5%
천식	8.0%	6.6%	9.0%	8.3%	8.1%
음식 알레르기	5.5%	4.3%	6.2%	6.0%	5.5%

자료: 연세대학교 의과대학 신동천 교수

고 있습니다. 아토피 질환을 다룬 역학 연구 결과를 보면, 산업화된 국가는 지난 30년 동안 유병률이 2배 넘게 올라간 반면 농업을 주로 하는 유럽이나 아시아 지역은 아직도 유병률이 낮습니다. 이란과 중국 등 개발도상국은 6~7세 어린이의 아토피 유병률이 2퍼센트에도 못 미치지만 오스트레일리아, 영국, 북유럽 국가는 20퍼센트에 가깝습니다. 개발도상국인 자메이카에서 태어나 런던에서 사는 어린이들이 자메이카에 계속 사는 어린이보다 아토피 발생률이 2배나 높다거나, 독일 통일 뒤 동독 어린이의 아토피 유병률이 크게 올라간 사실도 아토피가 환경성 질환이라는 주장을 뒷받침합니다. 실제로 대부분의 조사에서 공업 국가일수록, 부자 나라일수록, 서구 국가일수록 유병률이 높았습니다. 산업화와 도시화에 따른 환경 파괴와 오염이 사회 문제로 떠오르면서 아토피 인구도 함께 늘어나고 있습니다.

한국도 산업화와 아토피가 함께 움직입니다. 아토피 유병률이 30년 동안 최고 15퍼센트 올라갔습니다. 지역별로 보면 공단, 대도시, 중소 도시, 농촌 순으로 아토피 환자가 많습니다. 그러나 이런저런 개발 사업이 전국을 들쑤시면서 일어난 생태계 파괴, 농약이 일으킨 토양 오염, 인스턴트식 생활 환경의 변화가 겹치면서 이제 아토피 안전지대는 없습니다.

넷 중 하나, 가난해서 더 아픈

안타까운 사실은 아토피가 어린이에게 주로 생기는 질환이라는 점입니다. 아토피는 주로 유아기 또는 소아기에 처음 나타나는데, 한국에

연령대와 유병률 상관관계

연령대	0~4세	5~9세	10~14세	15~19세	19세 이상
유병률	43.3%	20.4%	9.5%	5.5%	21.3%

자료 : 지속가능발전위원회, 〈환경성 질환 관리를 위한 환경보건정책워크숍 자료집〉, 2014

아토피 피부염 발병률

(한국교총, 초중고생 1만 1434명 조사)

고교 2학년 13.1%
중학 2학년 14.6%
초등 6학년 17.0%
초등 3학년 20.3%

서는 '태열'이라고 해서 아이가 땅을 밟을 무렵이 되면 저절로 낫는다고 할 정도로 대수롭지 않게 여겼습니다. 그렇지만 요즘에는 커도 잘 낫지 않고 가려움 때문에 고통받는 아이들이 점점 늘고 있습니다. 아이들은 어른에 견줘 체중당 호흡량, 물, 음식량이 많고, 물건을 손이나 입으로 자주 가져가 환경 유해 물질에 더 많이 노출되기 때문에 환경성 질환에 취약합니다. 또한 독성 물질 대사 능력과 보호막이 아직 미숙하고 면역 기능이 모두 발달하지 않아 유해 물질을 잘 내보내지도 못합니다.

2001년 국민건강실태조사 결과에 따르면 0~4세 아이들의 만성 질환 1위가 아토피 피부염이었고, 요즘에는 4명 중 1명꼴로 아토피가 있다고 할 정도로 많은 아이들이 아토피에 시달리고 있습니다. 특히 10세 이하의 유병률이 전체의 63.6퍼센트를 차지할 정도로 아토피는 아이들을 괴롭히는 대표적인 환경성 질환입니다. 개인적 비용과 사회적 비용도 아주 많이 듭니다. 2003년부터 5년 동안 아토피 피부염, 천식, 비염의 양방 병원 진료비가 1조 4900억 원, 연간으로 따지면 3000억 원 정도였습니다. 진료비 말고도 아토피에 걸린 아이를 관리하는 데 드는 식비나 의약외품 비용까지 더하면 비용은 훨씬 더 늘어날 테고, 이 비용은 고스란히 한 가정이 부담해야 합니다.

2007년 5~10세 사이 소아 아토피 환자 378명의 체질량지수BMI를 조사하니 76퍼센트가 저체중이었습니다. 가려움증이 심해 수면 장애와 우울증에 시달리거나 놀림을 받아 대인기피증을 겪기도 합니다. 아토피 청소년 200명을 대상으로 설문 조사를 해보니 54퍼센트가 자살을 고민했고, 62퍼센트가 정신과 상담이 필요하다고 답했습니다. 얼마 전에는 아토피에 시달리는 아이를 둔 엄마가 어린 딸을 죽이고 자살한 사건도 있었습니다.

더욱 안타까운 사실은 소득 수준이 낮을수록, 지하층에 살수록 아토피 같은 환경성 질환이 생길 확률이 2배가 높다는 겁니다. 한 보고서에 따르면 저소득층 거주 지역의 실내 미세먼지, 곰팡이, 박테리아 농도는 크게 높은 반면 1인당 도시 공원 면적은 10배 넘게 적습니다. 또한 저소득층 거주 지역 초등학교는 큰 도로에 가깝거나 주변에 정비소, 폐차장, 작은 공장 등이 상대적으로 많아 아토피에 더 취약합니다. 아토피가 아이들 책임이 아닌 만큼 아토피를 앓는 고통과 치료하는 데 드는 부담을 개인에게 떠넘기지 말고 사회가 관심을 갖고 책임을 져야 합니다. 아픈 자연이 아픈 아이들을 만든 만큼 아픈 자연을 치유하는 일도 우리 몫입니다.

다음을 지켜라, 아토피를 없애라

아토피를 이야기할 때 보통 컵에 비유합니다. 한 사람이 지닌 유해 물질 처리 능력을 컵이라고 생각하면, 유해 물질 처리 능력이 약한 아토피 체질을 지닌 사람은 이미 태어날 때부터 컵 속에 물이 어느 정도 차 있는 셈입니다. 환경 속의 여러 오염 물질, 곧 먹거리와 피부와 호흡을 거쳐 들어오는 여러 유해 물질을 물이라고 생각해보죠. 아토피 체질을 지닌 사람은 몸속에 유해 물질이 많아지면 금세 컵 속의 물이 차서 넘치게 됩니다. 컵 속의 물이 넘친다는 말은 알레르겐이 몸속에 들어와 증세가 나타나게 된다는 뜻입니다.

컵이 넘치기 전에는, 그러니까 증세가 나타나기 전에는 대부분 자신이나 가족에게 아토피 증상이 생길 줄 짐작하지 못합니다. 그러나 일단 컵이 넘치기 시작하면 알레르겐이 사라져 물이 더는 넘치지 않는다 하더라도 조금만 더 물을 부으면 넘치기 쉽게 됩니다. 한번 아토피가 생긴 뒤에는 걸핏하면 아토피 증상이 나타납니다. 그러므로 아토피를 고칠 수 있는 가장 근본적인 방법은 '아토피 컵이 차지 않게 하기', 그리고 '컵 크기를 키워 유해 요인이 어느 정도 들어가더라도 문제 되지 않게 하기'입니다.

먼저 아토피 컵이 차지 않게 하려면 유해 요인이 뭔지 잘 알고 이런 유해 요인에 노출되지 말아야 합니다. 자기가 살아가는 환경에 유해 화학 물질이 덜 생기게 하거나 생기더라도 빨리 없애야 합니다. 또한 몸속으로 유해 물질이 들어오지 않게 안전한 먹거리를 먹어야 합니다. 유해 요인은 외부 환경뿐 아니라 스트레스 등 내부 요인에서 오기도 합니다. 이런 요인들이 생기지 않게 최선을 다해 관리해야 합니다.

다음으로 컵 키우기는 우리 몸이 유해 물질을 처리하는 능력, 곧 면역력을 정상으로 회복하는 것을 말합니다. 가장 기본은 올바른 영양분을 충분히 섭취하는 겁니다. 우리 몸의 모든 면역 세포와 면역에 관계하는 효소와 호르몬은 우리가 먹는 영양분을 재료로 만들어지기 때문입니다. 화학 농법이나 밀집 사육, 양식으로 만든 먹거리보다 자연 상태에서 키운 먹거리를 먹어야 합니다. 화학 농법, 밀집 사육, 밀집 양식, 유전자 조작으로 생산한 먹거리는 모양새는 제대로 갖췄어도 우리 몸에 필요한 양분이 충분히 들어 있지 않기 때문입니다.

개인이 이런 노력을 하는 데는 한계가 있습니다. 사회 전체의 환경과 건강이 개선되지 않고 점점 더 나빠진다면 아토피를 앓는 아이들은 계속 늘어날 수밖에 없습니다. 지금 당장 내가 괜찮아도 먼 뒷날 면역 체계가 무너진 틈을 타 아토피가 생길 수도 있고, 우리 다음 세대들이 아토피에 시달릴 수도 있기 때문입니다.

환경정의 다음지킴이국은 아토피로 고통받는 어린이들을 진단하고 가정 방문을 해 개인별 차이에 따른 맞춤형 자기 관리법을 제공하는 '아토피 없는 가정 만들기' 운동을 진행하고 있습니다. 특히 저소득층 가정 어린이들이 겪고 있는 어려움을 함께 해결하려고 현장에 직접 찾아가 만났습니다.

외국인 어머니랑 살아가는 사남매 중 셋째 아이

의왕에서 만난 ○○는 경제적으로 어렵지만 차상위 계층에게 주는 복지 혜택은 받기 힘든 가정의 셋째 아이입니다. 외국인 어머니가 하루 종일 아이 넷을 돌보느라 지쳐 있어 지역사회의 도움이 절실한 가정입니다. ○○는 아토피가 심해 관리가 필요하지만 가사 노동과 육아에 지친 어머니는 셋째인 아들의 아토피까지 신경 쓸 여유가 없어 보입니다.

장애인 아버지랑 생활하는 어른스러운 아이

장애인 기초 수급자 아버지랑 함께 사는 10살 ○○는 부모님의 사정과 가정 형편을 이해하고 마음을 쓰는 생각이 깊은 딸입니다. 반지하 현관 앞에 정화조가 묻혀 있어 여름에 냄새가 심하고, 청소와 정리가 되지 않아 위생 문제가 심각한 곳에 삽니다. 자기를 괴롭히는 아토피보다 가정 형편을 먼저 생각하는 어른스러운 아이는 드림센터에 다니면서 또래 아이들이 짓는 웃음을 되찾아가는 중입니다.

다문화 가정에서 태어난 어린 딸

스리랑카인 아버지와 한국인 어머니 사이에서 태어난 6살 ○○가 사는 집 안 곳곳은 곰팡이로 얼룩져 있었습니다. 이번 '아토피 없는 가정 만들기'에서 실시한 검진에서 곰팡이 알레르기가 있다는 결과가 나왔지만 아이는 어릴 때부터 계속 심각한 수준의 곰팡이에 노출된 채 살고 있습니다. "아빠가 엄마를 칼로 찌르려고 했다"는 말을 아무렇지도 않게 하는 ○○는 무서운 아버지를 피해 엄마랑 단 둘이 살고 있습니다.

싱글맘 어머니와 살고 있는 사춘기 아들

무속인 어머니와 할머니, 이모 가족까지 좁은 집에서 10명이 넘는 식구들이랑 함께 사는 아이는 이제 막 사춘기에 접어들었습니다. 아토피뿐 아니라 무릎 치료에다 주의력결핍 과잉행동장애 치료까지 하고 있어 몸도 마음도 많이 힘들어 보였습니다.

환경정의가 만난 저소득층 아이들은 아토피를 신경 쓸 여유가 없어 보였습니다. 아토피를 치료하려면 무엇보다 먹거리와 생활 환경을 개선해야 합니다. 그렇지만 가정 형편이 어려운 탓에 아이의 아토피 치료는 중요한 문제가 아니었습니다. 생계에 밀려 아토피 치료는 자포자기하는 상황입니다. 환경성 질환으로 고통받는 아이들이 마주한 어려움은 개인이 아니라 우리 전체가 해결해야 할 문제입니다. 저소득층 아이들이 아토피 치료에서도 소외되지 않게 사회적 관심이 필요한 때입니다.

채소랑 과일
얼마나 자주 먹니?

박명숙
(인하대학교 의과학연구소 연구원)

먹을 게 없어 배곯던 우리 할머니 시절에 견주면 요즘은 먹거리가 넘쳐
납니다. 대형 마트에 가보면 형형색색의 먹거리가 눈앞에 펼쳐지고, 시
간이 지날수록 늘어만 갑니다. 요즘 먹거리는 그래서 '양보다 질'입니다.

건강한 먹거리와 먹거리 정의

이런 상황에서 우리가 생각해야 할 새로운 문제가 바로 '먹거리 정
의food justice'입니다. 먹거리 정의란 먹거리를 생산, 가공, 유통, 소비하는
모든 단계에서 정의를 실현하는 것을 말하지만, 여기서는 소비 단계만

세대별 아침 결식률(%)

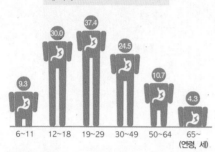

아침 결식률, 10대와 20대에서 높게 나와

30.0
37.4
24.5
9.3
10.7
4.3

| 6~11 | 12~18 | 19~29 | 30~49 | 50~64 | 65~ |
(연령, 세)

소득별 영양 섭취 부족자 비율(%)

영양 섭취 부족자란?
에너지 섭취량이 필요량의 75퍼센트 미만이면서, 칼슘, 철, 비타민에이, 리보플라빈의 섭취량이 평균 필요량 미만인 사람

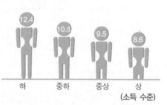

12.4
10.5
9.5
8.6

| 하 | 중하 | 중상 | 상 |
(소득 수준)

자료: 2011년 국민건강영양조사 결과

소득에 따른 식품군별 1일 섭취량(g)

채소와 과일류 등 신선 식품의 섭취량이 소득에 따라 차이가 발생. 특히 소득 하위 25퍼센트에서는 육류, 어패류, 우유 등에서도 섭취량이 낮게 나타난다.

400
300
274   279.6   299.1   302.5
200
100   채소류
0
| 하 | 중하 | 중상 | 상 |

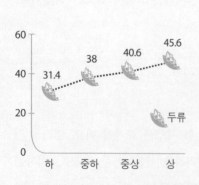

60
45.6
40   38   40.6
31.4
20   두류
0
| 하 | 중하 | 중상 | 상 |

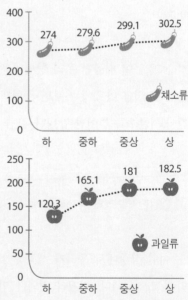

250
200   165.1   181   182.5
150   120.3
100   과일류
50
0
| 하 | 중하 | 중상 | 상 |

자료: 2011년 국민건강영양조사 결과 재가공

살펴보겠습니다.

소비 단계의 먹거리 정의란 가난하고 교육 수준이 낮은 사람들도 건강한 먹거리를 먹을 수 있어야 한다는 겁니다. 지금 가난한 사람들은 비교적 건강하지 못한 먹거리를 먹고, 경제적으로 넉넉한 사람들은 건강에 더 큰 관심을 두며 좋은 먹거리를 먹습니다. 우리가 흔히 말하는 건강에 좋은 먹거리란 현미 등 통곡식, 신선한 채소와 과일 등 당지수^{GI,} $_{Glycemic\ index}$는 낮으면서 비타민과 식이 섬유, 미량 영양소 함량은 높은 식품입니다. 게다가 유기 농산물이면 더 좋겠죠. 그러나 이런 식품들은 상대적으로 비싸기 때문에 저소득층은 사 먹기 어렵습니다.

국민건강영양조사를 바탕으로 살펴보면 소득 수준과 학력 수준이 높은 계층이 식료품비에 더 많은 비용을 씁니다. 또한 식료품비가 적을수록 식품군별 섭취량도 낮은데, 소득 수준과 학력 수준이 낮은 계층은 골고루 먹지 못하고 필요한 영양소를 제대로 섭취하지 못하고 있다는 뜻입니다. 아버지의 교육 수준이 '중학교 졸업 이하'인 청소년은 단백질, 인, 나트륨, 티아민, 나이아신을 뺀 모든 영양소를 권장량보다 낮게 섭취하고 있다는 연구 결과도 있습니다. 아버지의 학력이 낮을수록 남자아이는 철분, 칼륨, 비타민시를, 여자아이는 칼슘, 칼륨, 비타민시를 적게 섭취합니다. 또한 경제적으로 어려운 탓에 가끔 또는 자주 먹을 게 부족한 경험을 한 집단도 교육 수준이 낮은 집단에서 더 높게 나타났습니다.

사회적 지위나 경제적 수준에 따른 먹거리의 불평등은 고스란히 건강 문제로 이어집니다. 이런 불평등은 어른들보다 성장기에 있는 어린이와 청소년에게 더욱 큰 의미가 있습니다. 어린이의 영양 섭취는 성장에 영향을 미칠 뿐 아니라 행동에도 연관됩니다. 영양을 잘 섭취하면 일생

동안 성장 발육을 잘할 기초를 다질 수 있고, 건강뿐 아니라 지적, 사회적, 정서적 능력을 높일 수 있습니다. 그러나 제때 제대로 된 영양을 공급받지 못하면 영양 균형이 무너져 면역력이 약해지고 질병에 자주 걸립니다. 어린 시절에 낮은 사회적 지위와 경제적 수준에 있던 사람은 중년이 지나면서 심혈관 질환에 걸리거나 성인기 사망에 이를 확률이 높아집니다. 이렇게 아동기와 청소년기의 건강은 성인이 된 뒤에도 큰 영향을 미칩니다.

밥은 먹고 다니냐 ― 경제 불평등과 먹거리 불평등과 건강 불평등

경제적 소득 불평등은 먹거리 소비의 불평등으로 이어지고, 결국 어린이 건강에도 영향을 미칩니다. 건강실태조사를 보면 저소득층 어린이가 일반 어린이에 견줘 피부 질환을 앓은 경험이 4배 넘게 높고, 당뇨, 고혈압, 심혈관 질환 등 만성 질환을 앓은 비율도 2배 넘게 높습니다. 병을 앓거나 사고를 당한 뒤 돈이 없어 치료하지 못하는 경우도 저소득층 어린이가 17퍼센트로 일반 어린이의 1.8퍼센트에 견줘 9배 넘게 높았습니다.

또한 2011년 국민건강영양조사 결과를 이용해 저소득층 가정과 일반 가정 아이들의 키와 몸무게, 섭취 영양소, 주요 식품군 섭취 수준을 비교하니 저소득 가정 어린이의 키와 몸무게, 체질량지수가 일반 가정 아이들보다 낮았습니다. 키와 몸무게로 성장 발육 정도를 가늠하고 영양 상태를 알 수 있는데, 낮은 소득 탓에 영양을 충분히 섭취하지 못하

경제적 수준에 따른 질병 경험(%)

연령대	피부 질환 (아토피, 습진 등)		백혈병과 암 등 만성 질환		경제적 이유로 치료받지 못한 경험
전체	98.8	1.2	95.5	4.5	6.2(전체 중)
	경험 없음	경험 있음	경험 없음	경험 있음	
빈곤층	97.0	3.0	92.6	7.4	17.0
중간층	99.3	0.7	96.4	3.6	1.8

면 키가 작고 몸무게도 적게 나갑니다. 이런 차이는 어른이 돼도 고스란히 이어져 건강 불평등으로 나타날 수 있습니다.

2005년 서울 지역의 저소득층 어린이를 대상으로 조사한 결과와 국민건강영양조사를 비교해봐도 저소득층 아동이 전국 평균에 견줘 키가 작고 체중은 차이가 없어서 체질량지수가 높았습니다. 또한 아침저녁을 굶는 비율도 높고 간식도 덜 먹었습니다. 아침을 거르면 점심과 저녁을 필요한 양보다 더 많이 먹게 돼 소화 기관에 무리를 줄 수 있고 비만이 될 위험도 더 높습니다. 또한 초등학교 5학년 어린이 4043명을 대상으로 조사해보니 부모의 교육 수준이 낮을수록 아침 끼니를 거르는 일이 많고 채소와 과일을 적게 먹었습니다.

아침 끼니를 거르는 일이 많은 저소득층 어린이는 건강 문제뿐 아니라 정서나 행동에서 문제를 일으킬 가능성도 높습니다. 끼니를 거르는 아이는 행동, 정서, 능력 등 여러 면에서 부정적인 영향을 받습니다. 또한 불안감과 짜증, 주의 산만 등 부정적인 자각 증상을 더 많이 느낍니다. 전날 저녁부터 이어진 긴 배고픔 끝에 먹는 첫 끼니이기 때문에 아침은 학교 생활을 하고 건강을 유지하는 데 매우 중요합니다. 아침 끼니를 소홀히 하면 그렇지 않은 학생에 견줘 소극적이 되고 체력도 더 약해집니다. 당연히 학습 능력도 영향을 받습니다. 아침을 거른 아이가 스트레스를 더 많이 받고 친구 사이도 좋지 않으며 학업 성적이 낮다는 연구 결과도 있습니다.

제7차 청소년 건강 행태 온라인 조사(2011년) 결과를 보면 중학교와 고등학교 재학생 7만 5643명 중 경제 상태가 높다고 생각하는 청소년일수록 아침과 저녁을 자주 먹었고, 채소와 과일과 우유를 더 자주 먹었습니다. 반면 경제 상태가 낮다고 생각하는 청소년은 탄산음료, 패스트푸드, 라면, 과자를 더 자주 먹었습니다. 또한 어머니의 학력이 높을수록 끼니를 거르는 일이 적으며, 과일, 채소, 우유를 더 자주 먹고 탄산음료, 패스트푸드, 라면은 더 적게 먹었습니다.

경제 수준에 따라 먹는 음식이 다르며, 저소득층 청소년은 건강에 좋지 않은 음식을 더 많이 먹고 있습니다. 부모의 소득과 학력이 높으면 다양한 음식을 선택할 수 있는 기회가 많고 영양 성분에 더 많은 관심을 갖고 잘 이해하기 때문에 건강한 음식을 먹을 가능성이 더 높습니다.

사회적 지위가 낮은 저소득층 어린이와 청소년이 영양을 충분히 섭취하지 못하고 계층 사이에 건강 불평등이 드러나는 모습이 한국에만 나타나지는 않습니다. 세계보건기구에 따르면 유럽에서 소득이 높은 가구일수록 과일을 더 많이 먹고 아침을 잘 챙겼으며, 소득이 낮을수록 탄산음료를 더 많이 먹었습니다. 또한 스페인의 어린이와 청소년 3534명을 대상으로 조사해보니 어머니의 교육 수준이 낮을수록 과자와 탄산

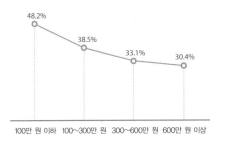

소득 수준에 따른 식품 불안 인식

48.2%
38.5%
33.1%
30.4%

100만 원 이하 100~300만 원 300~600만 원 600만 원 이상

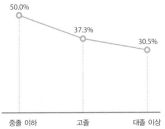

교육 수준에 따른 식품 불안 인식

50.0%
37.3%
30.5%

중졸 이하   고졸   대졸 이상

출처: 경기개발연구원 자료를 바탕으로 수정

음료를 많이 먹고 교육 수준이 높을수록 채소와 과일을 더 많이 먹었습니다. 스코틀랜드도 11~18세 어린이와 청소년을 대상으로 조사한 결과 소득이 높은 가정이 낮은 가정에 견줘 과일과 채소를 더 자주 먹는 반면 과자와 탄산음료는 더 적게 먹었습니다. 이렇게 부모의 경제적 수준과 사회적 지위는 어린이의 먹거리 섭취와 식습관, 영양과 건강에 큰 영향을 미칩니다.

또한 저소득층은 안전하지 못한 음식을 먹을 기회가 더 많습니다. 식품 안전을 해치는 위해 요소는 중금속, 잔류 농약, 유전자 조작 농산물, 공장식 축산에 쓰이는 항생제와 성장 촉진제, 환경 호르몬, 가공식품과 식품 첨가물, 방사능 오염 문제 등 여러 가지가 있습니다. 이런 위험에서 상대적으로 안전한 식품이 유기 농산물이나 친환경 농산물이지만 일반 농산물보다 비쌉니다. 저소득층은 유기 농산물을 살 기회가 적고, 경제적 한계 때문에 상대적으로 값싼 수입 식품이나 유해 식품에 노출될 가능성이 더 높습니다.

전국 성인 1000명을 대상으로 식품 안전에 관한 인식을 조사한 결과 소득과 교육 수준이 낮을수록 불안감이 더 컸습니다. 교육 수준이 낮으면 식품 관련 정보를 모으고 이해하는 데 더 어려움을 겪기 때문에 상대적으로 더 큰 불안감을 느낍니다. 가공식품과 식품 첨가물은 소득이 높은 계층이 더 민감하게 반응하고, 수입 식품은 소득이 낮을수록 더 민감하게 반응했습니다. 소득이 높은 계층은 생활협동조합이나 직거래를 통해 친환경 농산물을 선택할 수 있기 때문에 유전자 조작 농산물이나 잔류 농약 등 수입 식품에서 마주칠 수 있는 위험을 피할 수 있습니다. 가공식품은 그런 대안이 별로 없기 때문에 불안감이 더 높다고 볼 수 있습니다. 게다가 유전자 조작 농산물이나 식품 첨가물은 중금속이나 잔류 농약 등 전통적인 식품 위해 요소보다 더 전문적인 지식과 정보가 필요하기 때문에 교육 수준이 높은 계층이 더 민감하게 반응합니다. 반면 저소득층은 안전한 먹거리를 사기가 힘들기 때문에 잔류 농약이나 중금속 등에 더 민감합니다.

식품 관련 정보를 이해하는 데 어떤 어려움이 있을까요? 과자나 음료수를 사면 우리는 제품 뒷면을 봅니다. 거기에는 제품 관련 정보가 깨알같이 적혀 있습니다. 사람들이 가장 많이 보는 게 유통 기한입니다. 그런데 더 꼼꼼히 살피면 영양 정보, 원재료, 식품 첨가물 등을 알 수 있습니다. 소비자의 알 권리를 위한 정보입니다. 영양 성분은 열량, 탄수화물, 당류, 단백질, 지방, 포화지방, 트랜스지방, 콜레스테롤, 나트륨, 칼슘 등이 1일 권장량 중 몇 퍼센트가 들어 있는지 표시돼 있습니다. 감자, 옥수수, 밀가루, 액상 과당, 백설탕, 캐러멜 색소, 카페인, 합성 착향료, 프로필렌글리콜, 인산, 청색2호, 아라비아검, 타라검, 산도 조절제, 시즈닝

등 원재료와 식품 첨가물 정보도 보입니다. 그런데 이런 성분이 왜 들어가는지, 몸에 좋은지 나쁜지, 많을수록 좋은지 나쁜지 알기 어렵습니다. 식품 안전에 관한 인식이나 가공 식품 표시를 이해하는 정도가 교육 수준에 따라 크게 차이가 나기 때문입니다. 이런 차이를 줄이려면 더 많은 사람이 먹거리 관련 교육을 받아야 하고 어린이도 알기 쉽게 식품 정보를 표시해야 합니다.

건강하게 자랄 아이들의 권리를 위해

사회적 지위와 경제적 수준에 따른 결식률, 영양 섭취 수준, 신체 발달의 차이를 줄이기 위해 교육과학기술부와 보건복지부가 지원 프로그램을 운영하고 있습니다. 교육과학기술부는 '학교 급식 사업'으로 평일 점심을 주며, 보건복지부는 '아동 급식 사업'으로 학기 중에는 평일 아침과 저녁을 주고 방학과 토요일과 공휴일에는 아침, 점심, 저녁 중에서 굶을 가능성이 높은 끼니를 줍니다. 또한 지역아동센터 등 단체 급식, 일반 음식점, 도시락 배달, 식품권 지급, 주식과 부식 현물 배달 같은 형태도 있습니다.

이런 프로그램은 굶는 어린이를 줄일 수 있는 좋은 방안이지만 한발 더 나아가 영양 관리도 될 수 있어야 합니다. 일반 음식점을 가장 많이 이용하는데, 대부분 중식당이나 분식점이어서 한 끼에 충분한 영양을 섭취하기 어렵습니다. 전자 급식카드가 있어 일반 음식점은 물론 편의점에서도 쓸 수 있지만, 도시락, 김밥, 주먹밥, 유부 초밥, 샌드위치, 흰 우유,

가공 우유, 두유, 생수, 과일 맛 음료까지 모두 10개 품목으로 이용이 제한돼 있습니다. 2010년 서울시에서 급식 어린이를 대상으로 편의점 음식 이용 현황을 조사해보니 가공 우유를 가장 많이 샀습니다. 끼니 종류 중 주먹밥과 샌드위치가 인기가 많았는데, 아이들이 좋아하는 이런 음식들은 영양소 함량이 권장 섭취량을 충족하지 못하고 에너지 섭취 기준에도 모자랍니다. 지금 한국의 어린이 복지는 한 끼를 해결하는 수준에는 다다랐지만 충분한 영양을 공급하는 데는 많이 모자랍니다.

미국은 취약 계층을 대상으로 여름 방학 급식 프로그램SFSP, Summer Food Service Program을 운영합니다. 기나긴 여름 방학 동안 18세 이하의 취약 계층 어린이에게 아침, 점심, 저녁, 간식을 주고 여러 가지 활동 프로그램을 마련합니다. 연방 정부가 정한 기준에 맞게 음식을 줘야 이 프로그램의 지원금을 받을 수 있어서 영양도 철저히 관리합니다. 또한 방과 후 프로그램에 참여하는 저소득층 어린이에게 끼니와 간식을 주는 어린이·성인 급식 프로그램CACFP, Child & Adult Care Food Program도 연방 정부 기준에 맞춰 충분한 영양을 섭취할 수 있게 지원하고 있습니다. 한국의 저소득층 어린이 급식 프로그램이 이렇게 더 질 좋고 충분한 영양을 공급할 수 있게 바꾸고 소비 영역에서 먹거리 불평등을 없애려면 어떤 노력을 해야 할까요?

첫째, 학교 급식의 질을 높여야 합니다. 초등학교뿐 아니라 중학교와 고등학교 급식까지 가공식품보다 곡류와 신선한 제철 채소와 과일을 중심으로 식단을 짜야 합니다. 이윤이 아니라 건강을 더 생각한 급식으로 바뀌어야 한다는 말입니다. 가난한 가정의 어린이도 하루 한 끼는 공공 영역에서 질 좋은 밥을 먹을 수 있어야 합니다.

둘째, 지역아동센터, 노인 복지 시설, 아동 양육 시설, 영유아 보육 시설 등 취약 계층이 이용하는 작은 시설에서 주는 급식도 영양 관리를 강화해야 합니다.

셋째, 지역아동센터 등 취약 계층이 이용하는 시설에 유기농 상자 텃밭 또는 텃밭을 만들거나 빌려줘 스스로 안전한 먹거리를 키울 수 있게 지원해야 합니다.

넷째, 교육 수준이 낮은 사람도 쉽게 알 수 있게 식품 안전을 교육하고 홍보해야 합니다. 또한 아이들이 스스로 건강한 먹거리를 고를 수 있게 어린이와 청소년을 대상으로 한 올바른 먹거리 교육을 확대해야 합니다.

마지막으로 청소년이 건강하게 자라는 일은 부모뿐 아니라 사회 전체의 책임이며 의무라는 점을 이해해야 합니다. 모든 아이들은 건강하게 자랄 권리가 있습니다. 부모의 경제 수준과 교육 수준에 따라 그 권리를 침해받지 않게 노력하는 사회가 건강한 사회입니다.

환경성의연구소는 폭넓은 먹거리 불평등 문제 중에서 정부가 운영하는 '아동 급식 지원 사업'에 초점을 맞춰 결식 문제와 함께 먹거리 위험과 먹거리 문화를 살펴봤습니다. 서울 구로구에서 10년 넘게 지역아동센터를 운영한 성태숙 센터장을 만나 현장에서 느끼는 아동 급식 지원 사업에 관해 들었습니다.

지역아동센터 아이들은 어떻게 급식 지원을 받고 있나요?

지역아동센터에 오는 아이들은 기초 지자체 50퍼센트, 광역 지자체 50퍼센트로 지원이 나옵니다. 센터를 이용하지 않는 아이들은 꿈나무 카드(서울 지역 전자 카드)를 신청해 지정된 음식점에서 월 10만 원 정도 이용할 수 있습니다. 정부가 아동 급식 지원 사업을 순전히 저소득층만 대상으로 하는 것도 좀 문제라고 생각합니다. 꼭 저소득층만 밥을 굶는 건 아니거든요.

센터로 지급되는 단체 급식비는 충분한가요?

구로구는 4500원이 나옵니다. 적은 돈은 아니지만 센터 규모가 작으면 부족합니다. 특히 급식비는 조리사 인건비 등 운영비로 20퍼센트를 쓸 수 있는데, 조리사 급여를 마련하는 데 어려움이 많습니다. 기본적인 급식 시설에 지원을 해주지 않아 전기밥통, 가스레인지, 냉장고 같은 걸 사기도 힘들죠. 그나마 서울은 양반이고요. 전남은 급식비가 2000원인데, 지역에 따라 급식비가 나오지 않는 일도 있습니다.

급식비가 안 나오다니, 등록된 센터가 아니라 그런가요?

아닙니다. 그냥 기준 없이 나오지 않을 때도 있습니다. 한번은 방학 중 급식으로 한 끼만 지원한다고 연락이 왔습니다. 마침 센터에 들른 기자에게 이 이야기를 알려줬고, 바로 관련 기사가 나간 뒤 급식비 전액이 다 지원됐습니다. 아마 결식아동 급식비는 예산 우선순위에서 밀리거나 급식비로 편성된 예산 자체가 별로 없는 것 같아요. 학교 급식은 모두 다 주는데 아동 급식 지원은 다르거든요. 어느 정도까지 급식 지원을 할지 사회적 합의가 필요합니다.

아이들은 꿈나무 카드를 어떻게 쓰나요?

이용자 신청주의라 서비스를 알고 있는 사람만 신청해서 받을 수 있습니다. 정작 받아야 하는 아이들이 몰라서 못 받는 일도 많습니다. 비수도권 지역은 꿈나무 카드는 발급되지만 쓸 수 있는 식당이 없어 쓰지 못하기도 합니다. 대개 아이들은 카드로 편의점에서 군것질을 하거나 간편한 음식으로 끼니를 때웁니다.

센터의 급식, 뭐가 중요한가요?

전에는 도시락으로 급식을 했는데 반찬이 뭐가 나오는지 개입할 수 없었습니다. 계절에 따라 이거 했으면 좋겠다고 의견을 말하기 어렵고, 간식도 없고, 밥을 정말 먹어 치우는 느낌이었습니다. 그래서 직접 조리하는 방식으로 바꿨습니다. 특히 아이 학부모 중 한 분이 조리사로 들어오셨는데, 아이 부모이니 내 아이 잘 먹여야겠다는 생각이 컸습니다. 당연히 급식 질이 좋아졌습니다. 엄마가 급식 선생님으로 오니 그 아이도 좋아하고 생활 태도도 많이 좋아졌습니다. 아이들은 센터에서 밥 먹는 걸 참 좋아합니다. 단체 급식에서 급식 교사의 자세가 가장 중요하다고 생각합니다.

결식아동 급식 지원 프로그램을 어떻게 더 좋게 만들 수 있을까요?

어린이 식당을 만들어야 합니다. 도서관 지하에 어린이 식당을 만드는 것도 방법이고, 지역아동센터가 그런 구실을 할 수도 있습니다. 아이를 위한 식당이 있으면 저소득층뿐 아니라 맞벌이 부모 아이들도 이용할 수 있을 겁니다. '키즈 카페'처럼 아이들이 가고 싶고 편안하게 먹을 수 있는 차별 없는 식당이 필요합니다. 그리고 결식아동은 신선한 과일과 채소, 견과류 등을 잘 못 먹습니다. 이런 음식을 꾸준히 먹을 수 있게 지원해야 합니다. 조금 다른 이야기지만, 학교 폭력 문제를 해결하려면 2교시 끝나고 간식을 먹여야 한다고 생각합니다. 교실에서 빵 냄새가 나면 아이들 마음이 너그러워지지 않을까요.

11장.
생명 공학과 환경정의

우리 유전자 안에
우리 있다?

박병상
(인천 도시생태 · 환경연구소 소장)

1960년대 대부분의 국가가 그랬듯 한국도 이공계 수재들은 뿌듯한 마음으로 핵발전 분야를 전공으로 선택했습니다. 그때 핵을 전공한 사람들 중 지금도 자기 선택에 만족하는 사람이 얼마나 될까요? 미국의 스리마일 핵발전소와 구소련의 체르노빌 핵발전소에 이어 관리가 엄격하다는 일본 후쿠시마 핵발전소에서 거푸 네 차례 폭발이 일어났습니다. 아직도 뿌듯해할까요? 심장병과 백혈병에 이어 갑상선암이 늘고, 안심해도 좋을 해산물이 드물어지는 현실을 보고 머쓱해진 사람이라면 후회하고 있겠죠. 청년 때로 돌아간다면 핵발전 분야를 전공으로 삼지 않을 성싶습니다.

성적이 빼어난 요즘 이공계 학생들이 어느 분야를 선호하는지 모르지만, 한때 생명 공학이 높은 인기를 누린 적이 있습니다. 황우석 전 교수가 있지 않은 사실을 논문으로 발표하면서 일으킨 추문으로 한국 과학의 지위가 곤두박질친 사건이 일어나기 전이니 그리 오래되지 않은 때죠. 그때 생명 공학도 '제3의 불'로 포장된 핵발전처럼 '다음 세대를 위한 과학'으로 추어올려졌습니다. 후쿠시마 핵발전소는 말할 것도 없고 폭발한 지 30년이 가까워지는 체르노빌 핵발전소도 여전히 치명적인 방사선을 내뿜고 있습니다. 거대한 콘크리트 무덤에 넣어도 소용없죠. 그 부담은 후손에게 떠넘겨집니다. 생명 공학은 어떨까요?

요즘은 '원자력 공학'이라고 고쳐 부르지만 예전에 누구나 '핵공학'이라고 했습니다. '공학'이라는 단어 앞에 보통 재료의 이름을 붙이죠. 원자에서 발생하는 힘은 약해서 실제 생활에 활용할 수는 없습니다. 핵반응으로 놀라운 에너지가 발생하니까 공학 분야로 연구하는 겁니다. 따라서 핵공학으로 정의해야 옳지만, 연이은 폭발 사고로 워낙 부정적인 인식이 퍼지자 일부러 이름을 바꾼 겁니다.

다음 세대를 위한 생명 공학?

추상적인 생명은 공학의 연구 재료가 될 수 있을까요? 논리학자는 '생물 공학'이라고 말하든가 아니면 '생명 과학'이라고 불러야 옳다고 지적합니다. 그렇지만 저는 '생명 공학'도 논리적으로 맞다고 봅니다. 생명 공학은 생명을 재료로 사용하기 때문입니다. 바로 후손의 생명입니다.

인류 복지를 앞세우는 생명 공학은 식량 문제를 거뜬히 해결할 듯이 홍보합니다. 굶주림에 시달리면서도 늘어만 가는 가난한 인구를 먹여 살릴 수 있다고 자신합니다. 유전자를 바꿔주면 미꾸라지가 가물치처럼 커지고 농작물도 생산량을 크게 늘릴 수 있다고 주장합니다. 정말 그럴까요? 먹이와 비료를 늘리지 않으면 불가능한 상상이라고 무시하면 되지만, 좀더 살필 문제가 있습니다.

지금도 식량은 70억 명이 넘은 세계 인구에게 골고루 돌아가고 남을 정도로 넘칩니다. 그런데 많은 사람이 굶주림에 시달리다가 일찍 세상을 떠납니다. 지구촌 어떤 곳에는 많이 먹어 찐 살을 빼려는 사람들이 넘치지만 다른 쪽은 먹을 게 없습니다. 식량이 모자라서 그런 게 아닙니다. 이웃이랑 나누던 식량이 사고파는 상품으로 바뀌었기 때문입니다. 다국적 기업이 만든 현실입니다. 식량으로 큰돈을 벌어들일 수 없다면 어떤 자본도 생산을 늘리는 데 관심이 없습니다. 앞으로 지구 온난화가 심해지면 세계적인 식량 위기가 닥칠 겁니다. 그때가 되면 생명 공학을 이용해 식량을 더 생산하려는 다국적 기업이 생기겠지만, 식량을 살 돈이 모자란 국가는 더 굶주릴 수밖에 없을 겁니다.

생명 공학을 평등하지 않은 과학으로 여기는 사람은 윤리와 안전의 차원에서 생명 공학을 주목합니다. 생명 공학이 위험한 이유는 유전자를 조작하기 때문입니다. 흔히 '유전자 조작 농산물GMO'이라고 하는 새로운 농산물은 원래 없던 유전자를 조작해 넣는 생명 공학 기술로 만든 생물입니다. 북극에 사는 넙치 유전자를 넣어 잘 무르지 않는 딸기를 개발하거나 중금속이 섞인 물에서 잘 사는 올챙이의 유전자를 나무에 넣어 가로수로 쓰려는 연구가 진행된 적이 있습니다. 그런데 그런 딸기에 들어간 유전자가 사람 몸에서 무슨 문제를 일으킬지 모릅니다. 올챙이

유전자를 넣은 나무는 결국 성공하지 못했지만, 가로수로 심었다면 그 유전자가 사람 몸에 들어가 문제를 일으켰을지도 모르죠.

사실 지엠오는 농작물에 그치는 게 아닙니다. 유전자를 가진 생명이라면 조작해 지엠오로 만들 수 있습니다. 사람도 물론 대상이 될 수 있지만 대부분 돈벌이가 되는 생물의 유전자를 조작합니다. 어떤 약을 만들려고 미생물의 유전자를 조작하는 일도 있는데, 그때는 조작된 유전자를 먹는 게 아닙니다. 조작된 유전자가 미생물 안에서 만든 물질을 환자들만 약으로 먹기 때문에 환경에 큰 문제를 일으키지 않습니다. 그렇지만 농작물은 다릅니다. 유전자를 먹게 됩니다. 그래서 지엠오 농작물이 특히 안전하지 않습니다.

조작된 농작물이나 생물에 들어간 유전자가 전혀 생각하지 않은 생물 안에 들어가는 일도 벌어집니다. 몬산토라는 회사에서 만든 지엠오 콩과 유채를 심었습니다. 그랬더니 그 유전자가 잡초에 옮겨가는 사태가 미국 곳곳에서 벌어졌습니다. 그 콩과 유채는 몬산토에서 파는 제초제를 이겨내게 유전자가 조작돼 있었습니다. 그 유전자가 옮겨가는 바람에 제초제를 뿌려도 잡초들이 죽지 않게 됐습니다. 그렇게 되면 많은 돈을 들여 농사를 짓는 농부는 손해를 보게 됩니다. 해충을 죽이게 유전자가 조작된 감자를 먹고 쥐가 죽는 현상, 지엠오 옥수수를 먹은 닭이 더 일찍 죽는 현상도 나타납니다.

유전자를 조작한 송사리 60마리를 정상 송사리 6만 마리랑 섞었더니 40세대 만에 모두 전멸했다는 어느 미국 과학자의 연구는 큰 걱정거리를 안겨줍니다. 덩치가 크게 자라게 유전자를 조작한 연어를 먹고 싶지 않습니다. 그 연어의 알이 양식장에서 빠져나가도 위험해질 수 있습

146

니다. 문제는 그런 연어를 가공하거나 요리해서 판매한다는 겁니다. 지엠오라는 표시가 분명하지 않다면 눈 밝은 소비자라도 피할 방법이 없습니다. 지엠오 농산물을 파는 다국적 기업은 그런 표시를 하자는 움직임을 한사코 반대합니다. 소비자의 안전을 생각하는 정부와 의회라면 정확한 성분 표시를 붙이게 법과 제도를 만들어야 옳습니다. 그러나 현실은 그렇지 못합니다.

2005년에 〈아일랜드〉라는 미국 영화가 극장에 걸렸습니다. 부자들이 이식받을 장기를 만들려고 복제한 인간들 이야기입니다. 나이 들어 심장이나 간이 약해지면 심장을 떼어줄 복제 인간을 미리 생명 공학으로 태어나게 하는 사회, 정말이지 끔찍합니다. 한 사람의 비극으로 끝나지 않습니다. 상식을 가진 사람이라면 추악한 일이라고 비난할 겁니다. 그래서 대부분의 국가는 인간 복제를 법으로 금지하고 있습니다. 윤리적이지 않기 때문입니다. 그렇지만 사람 자체가 아니라 사람의 장기를 만드는 연구자라면 비윤리적이라고 비난받지 않을지 모릅니다. 그런데 그 과정에서 앞으로 사람으로 태어날 수 있는 태아나 배아를 죽여야 한다면 어떤가요? 아직 사람이 아니니 이해하고 넘어가야 한다는 말은 옳지 않습니다.

파란 장미와 줄기세포

줄기세포를 연구하는 생명 공학은 현대 의학으로 치료하기 어려운 인류의 질병을 해결해 인류의 꿈인 수명 연장을 할 수 있다고 장담합니다. 몇몇 생명 공학자들은 지금은 아니지만 많은 연구가 성공적으로 이어진 뒤에는 그렇게 될 수 있다고 확신합니다. 그러나 그런 예측은 사실이 아닙니다. 지금 많은 사람들이 간단한 약품이나 시설이 없거나 부족해 생명을 잃습니다. 깨끗한 물이 없어 질병에서 헤어나지 못합니다. 많은 돈이 필요한 생명 공학은 요즘 누구를 위해 연구되나요? 남성보다 여성, 젊은이보다 노인이나 어린이가 먼저 희생되는 곳에 사는 사람들의 꿈도 생명 연장일까요? 거대한 자본이 계획하는 생명 공학은 가난한 계층이 시달리는 질병에는 관심을 보이지 않습니다.

생명 공학으로 치료하겠다고 장담하는 병은 사실 그리 다양하지 않습니다. 세포의 재생에 관계가 있으니 젊은 사람보다 나이 든 사람에게 혜택이 갈 가능성이 높지만, 장담하기 어렵습니다. 가능성을 살피는 연구 단계라고 봐야 옳습니다. 우리 몸에 있는 세포는 꽤 다양해 200여 가지가 됩니다. 그 세포들은 생명이 붙어 있는 동안은 언제나 새롭게 재생합니다. 그래야 건강을 유지할 수 있는데, 나이가 들면 재생력이 아무래도 떨어집니다. 젊다고 해도 어떤 세포가 재생을 활발히 하지 못하면 병이 됩니다. 그때 재생력 있는 세포를 환자 몸에 충분히 넣으면 병을 치료할 수 있습니다.

피부 세포는 피부만 만들고 골수는 피를 만듭니다. 신경이나 심장 세포를 만들지 않습니다. 화상을 입어 재생할 수 없게 된 환자의 피부를 제거하고 활발히 재생할 수 있는 피부 세포를 이식하면 치료를 할 수 있습니다. 그렇게 하려면 줄기세포로 피부 세포를 분화시켜야 합니다. 먼저 줄기세포부터 준비해야 하는데, 그 과정이 참 복잡합니다. 치료를 할 수 있을 정도로 세포를 충분히 분화시켜야 합니다. 그러나 먼저 분화된 세포가 암세포로 바뀌지 않아야 한다는 전제 조건을 만족해야 합니다. 그렇게 안전한 줄기세포는 보통 환자 자신의 몸에서 찾습니다. 나이 든 사람의 몸에서 줄기세포를 충분하게 찾기는 어렵습니다. 젊은 사람은 건강하고 안전한 줄기세포를 찾을 수 있지만, 줄기세포 치료가 필요한 젊은 사람은 매우 드물겠죠.

지엠오 농산물은 개발 과정에서 조상이 물려준 유전자를 대부분 잃게 됩니다. 유전자의 다양성이 사라진 생물은 환경 변화에 매우 약하게 됩니다. 유전자를 조작한 생물은 조류 독감이 돌아도 잘 죽지 않는 철새랑 다르게 몰살당하는 양계장의 닭처럼 환경 변화에 약합니다. 유전자가 거의 같기 때문입니다. 그런 농작물이나 가축을 제대로 키우려면 투자비를 크게 늘려야 합니다. 많은 에너지를 동원해 사육이나 재배 환경을 일정하게 유지해야 하니까요.

인류는 화석 연료를 지나치게 낭비해 지구 온난화를 일으켰는데, 농업에서 낭비하는 화석 연료도 매우 많습니다. 유전자 조작은 지구 온난화를 악화시킬 겁니다. 예전에 드물던 기상 이변은 어느새 일상이 됐고, 기후학자들은 앞으로 이런 일이 더욱 심각해진다고 말합니다. 생각해봅시다. 유전자가 단순해진 지엠오 농산물은 바뀐 환경에 적응하지 못합니다. 온난화된 환경에서 지엠오 농산물이 도태된다면 식량 위기는 더욱 심각해질 수밖에 없습니다.

우리는 조상들이 물려준 기름진 땅에서 안전하고 건강한 농작물을 키웠습니다. 그런 농작물로 국가와 지역마다 자기 입맛에 맞는 고유한 음식을 먹었습니다. 농작물 종류가 단순하면 음식도 다양하기 어려울 텐데, 지엠오 농산물을 독점으로 파는 다국적 기업의 이익을 위해 왜 우리가 이런 위험에 빠져야 할까요? 다국적 기업의 광고에 속아 앞으로 우리 밥상에 지엠오 농산물을 가공한 식품만 가득하게 된다면 다음 세대의 삶은 어찌될까요? 자기 땅에 어울리는 농작물을 잃어버리고 다국적 기업의 이익을 위해 맥없이 희생될 겁니다.

유전자 조작으로 환경 오염을 해결하겠다는 생명 공학자도 있습니다. 특별한 오염을 제거하는 미생물을 만들어 폐수를 정화한다는 겁니다. 그런 미생물을 실제로 만들었다는 소식은 여태 들리지 않습니다. 꽃말이 '불가능'인 파란색 장미가 개발돼 매우 비싸게 팔린다는 소문이 들

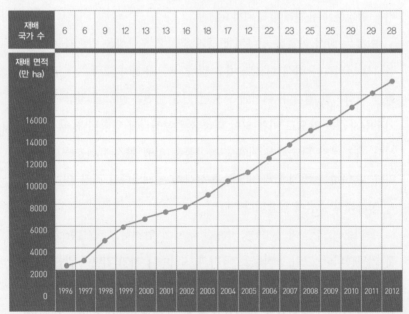

유전자 조작 농산물 연도별 재배 면적과 재배 국가 현황

재배 국가 수	6	6	9	12	13	13	16	18	17	12	22	23	25	25	29	29	28
재배 면적 (만 ha)	1996	1997	1998	1999	2000	2001	2002	2003	2004	2005	2006	2007	2008	2009	2010	2011	2012

자료: ISAAA 2012

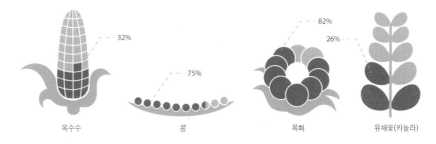

작물별 유전자 조작 농산물 재배 면적 비중(2011년말 기준)

옥수수 32%

콩 75%

목화 82%

유채꽃(카놀라) 26%

주요 작물별 유전자 조작 농산물 재배 면적(2011년 말 기준)

국가	작물	전체 재배 면적 (A)	GMO 재배 면적 (B)	비중 (A/B)
미국	옥수수	37.4	33.9	88%
	콩	30.5	29.2	84%
	목화	5.4	4.9	90%
브라질	콩	25.0	20.6	83%
	옥수수	14.0	9.1	65%
아르헨티나	콩	19.1	19.1	100%
	옥수수	4.6	3.9	85%
인도	목화	12.1	10.6	88%
캐나다	카놀라	8.0	7.7	96%
중국	목화	5.5	3.9	71%

자료: ISAAA 2012

럽니다. 생명 공학의 힘을 빌려 페튜니아의 유전자를 조작해 넣은 꽃입니다. 파란 장미를 개발한 기업은 돈을 벌겠지만 그 장미가 인류 복지를 높이지는 않습니다. 폐수는 물론이고 핵폐기물도 정화하는 생물을 만들어낼 수 있다는 생명 공학은 위험할 수 있습니다. 그런 생물과 그 생물이 가진 유전자가 제자리에 가만히 멈춰 있지는 않을 테니까요.

생명 공학자는 석유를 다 쓰면 생명 공학으로 사탕수수나 옥수수 같은 농작물 또는 파래 같은 바다 식물을 개량해 바이오 연료를 만들 수 있다고 장담합니다. 그러나 그런 식물을 키우는 데 들어가는 영양분은 대부분 석유를 원료로 만듭니다. 연료를 만드는 데 들어가는 에너지까지 생각하면 생명 공학으로 개량한 식물에서 얻는 바이오 연료의 에너지가 고갈을 앞둔 석유보다 많으리라고 기대하기 어렵습니다. 바이오 연료도 태우면 온실가스인 이산화탄소가 나옵니다. 지구 온난화를 막을 수 있는 식물을 생명 공학으로 개발하겠다는 호언장담이 아직 들리지 않아 차라리 다행입니다.

줄기세포를 먼저 유도하고, 그렇게 얻은 줄기세포로 치료에 쓸 수 있는 세포를 분화하는 과정은 매우 복잡한 만큼 많은 비용이 듭니다. 어떤 사람이든 안전하고 쉽게 치료할 수 있는 줄기세포는 아직 세상에 나오지 않았습니다. 겨우 몇몇 사례에 쓸 수 있는 줄기세포가 연구되는 정도입니다. 돈이 아주 많고 운이 좋아야 치료할 수 있는 생명 공학을 인류 전체를 위한 복지라고 이야기할 수 없습니다. 다른 사람의 줄기세포로 나를 문제없이 치료할 수 없습니다. 아무 장기나 이식할 수 없는 이치랑 같습니다. 면역 거부 반응이 일어납니다. 앞으로 이런 상황이 달라질 수 있을까요?

내 몸이든 남의 몸이든 사람 몸에서 찾는 줄기세포는 보통 안정적입니다. 나이 든 사람의 몸에서 나온 줄기세포가 아니라면 치료할 세포로 분화된 뒤 암처럼 다른 세포로 바뀌는 일은 적다고 합니다. 그러나 이런 주장도 완전하지 않기 때문에 불안합니다. 그래서 위험하기도 합니다. 면역 거부 반응뿐 아니라 한 번 분화한 뒤 엉뚱한 세포로 바뀌지 않아야 합니다. 그래서 줄기세포로 세포 재생을 도와 치료하는 생명 공학은 아직 연구 단계일 뿐입니다. 치료를 할 수 있다고 장담해 몸이 불편한 환자들을 유혹하는 일은 옳지 않습니다. 비윤리적입니다.

사람 몸에서 유도하는 줄기세포보다 시험관에서 만든 배아로 줄기세포를 유도하려는 생명 공학자도 있습니다. 배아는 아직 사람의 모습을 갖추지 않았지만 성인 여성의 자궁에 착상하면 사람이 될 수 있는 상태의 생명입니다. 그런 배아는 흔히 '시험관 아기'라고 말하는 기술로 아기를 임신하게 하는 '불임 클리닉'에서 많이 만듭니다. 황우석 전 교수는 자신의 줄기세포를 인간 복제 기술로 만들었다고 논문을 썼습니다. 그러나 사실이 아니었습니다. 불임 클리닉의 시험관에서 난자와 정자를 수정한 뒤 여러 차례 분열하면 배아가 되는데, 몇몇 생명 공학자는 아직 생명이 아니라고 주장하면서 자궁에 착상하지 않은 배아를 파괴해 줄기세포를 유도한 거죠. 생명 공학자가 줄기세포를 연구할 수 있게 배아를 생명이 아니라 세포 덩어리로 정의해야 옳을까요?

배아로 얻는 줄기세포를 유도하려면 여성은 생명 공학 연구자에게 난자를 먼저 기증해야 합니다. 난자와 배아는 다음 세대를 상징합니다. 정리하면 다음 세대의 생명을 희생해 지금 세대의 생명을 연장하려는 연구입니다. 많은 재산과 권력을 쥔 몇몇 부자를 위해 후손을 희생하는 의료는 아무리 생각해도 불평등합니다. 정의롭지 못합니다.

배아로 얻는 줄기세포는 다음 세대로 성장할 수 있는 세포를 파괴하는 윤리적 문제만 안고 있지 않습니다. 위험하기 때문에 치료에 쓸 수 없습니다. 환자 몸에 들어가면 암세포로 바뀔 가능성이 아주 높기 때문입니다. 사실을 왜곡해 국제적으로 물의를 빚은 황우석 전 교수의 2004년 논문과 2005년 논문은 배아를 파괴해 만든 줄기세포가 쥐 몸에 들어가 암세포로 돌변한 실상을 적나라하게 보여줍니다.

생명 공학자는 많은 연구가 축적되면 안전성을 갖출 수 있다고 주장합니다. 그러나 사실 우리는 안전이 확인돼야 비로소 안심할 수 있습니다. 핵발전소가 안전하다고 얼마나 강조했나요? 30년 전 과학을 지금 살펴보면 허술하기 짝이 없습니다. 그때는 대단한 기대를 모았을 겁니다. 성과가 찬란해 보이는 지금의 과학도 마찬가지입니다. 생물학을 전공한 저는 아직도 안전성을 확보하지 못하는 생명 공학이 영원히 안전하지 않으리라고 확신합니다.

비윤리적이고 불평등하며 안전하지 않은

생명 공학의 안전과 윤리는 분리될 수 없습니다. 분리된 것처럼 보이는 유전자 조작 연구와 생명 복제 연구는 얼마든지 만날 수 있습니다. 유전자를 조작해 고기에서 과일 향이 나는 소를 개발해 복제할 수 있습니다. 우스개이지만 이론적으로는 가능하다면서 닭에 개 유전자를 넣어 날개를 다리로 만들 수 있다고 주장하는 생명 공학자도 있습니다. 그런

닭을 복제해 보급하면 식량 문제를 해결할 수 있을까요? 이렇듯 생명 공학은 윤리와 안전 문제를 동시에 갖고 있습니다.

줄기세포 연구는 아직 기업의 이익으로 이어지지 않고 있지만, 가능성이 보이면 다국적 기업이 가만히 있을 리 없습니다. 바로 이윤을 추구하는 사업으로 연결할 겁니다. 그렇게 되면 다음 세대가 직접 피해를 입는 불행이 벌어집니다. 줄기세포로 배아를 파괴하든 지엠오 농산물로 건강한 생태계와 삶을 위협하든, 모두 다음 세대에게 위험하고 비윤리적입니다. 불평등하므로 정의롭지 않습니다.

우리 땅에 오래 적응한 건강한 농작물을 먹고 자라면 줄기세포도 필요 없습니다. 많은 연구자들은 지엠오 농산물을 먹은 동물의 몸에 이상이 생긴다는 사실을 발표했습니다. 사람 몸에서 문제를 일으키지 않는다고 확신할 수 없는 노릇입니다. 생명 공학에 들어가는 돈과 시간을 식량 자급을 위해 써야 합니다. 지금 우리는 우리가 먹는 식량의 4분의 3을 수입합니다. 그러면서 해마다 20조 원이 넘는 음식 쓰레기를 버린답니다. 수입 농산물이나 가공식품이 몸에 좋을 리 없겠죠.

물 맑고 공기 좋고 먹거리가 건강한 환경에서는 질병이 늘어나지 않습니다. 줄기세포를 이용한 치료는 필요 없습니다. 나이가 들어서 생기는 노화는 질병이 아니라 자연스런 현상입니다. 노인은 치료해야 할 대상이 아닙니다. 이른 나이에 세포에 노화가 진행되는 질병은 대부분 건강하지 않은 환경에 오래 노출되기 때문에 생깁니다. 오염 물질과 방사능이 많은 환경, 스트레스와 피로에 젖는 환경을 그대로 두고 생명 공학부터 연구할 이유는 없습니다. 핵발전처럼 나중에 후회하게 될 생명 공학이라면, 지금부터 경계해야 합니다.

한 해 유전자 조작 가공식품 1만 3000여 톤 수입, 표시는 달랑 9개?

소비자기본법의 소비자 '알 권리'와 '선택할 권리' 침해

경제정의실천시민연합 소비자정의센터가 식품의약품안전처(식약처)의 자료를 분석한 결과, 2012년 과자류 1644톤, 서류 가공품 1500톤, 곡류 가공품 1644톤, 두류 가공품 984톤, 장류 997톤, 조미식품 1732톤 등 25개 품목 1만 3000여 톤(전년 대비 9퍼센트 증가)의 유전자 조작 가공식품(지엠오 가공식품)이 완제품 등 가공된 상태로 수입되고 있습니다. 많은 양의 지엠오 가공식품이 수입되고 판매되는데도, 시중에 지엠오 표시 제품은 거의 없는 것으로 나타났습니다. 소비자정의센터가 이마트, 롯데마트, 코스트코 등 시중 대형마트의 제품을 조사한 결과 기껏 9개의 제품에서 지엠오 표시를 확인할 수 있었습니다.

지엠오 가공식품 표시 현황

제품명	분류	GMO 표시
파이러츠 부티 에이지드 화이트 체다	과자류	옥수수가루 (유전자 재조합 옥수수 포함)
레스토랑 스타일 토티야 칩스	과자류	옥수수 (유전자 재조합 옥수수 포함 가능성 있음)
커클랜드 시그니처 토티야 칩스	과자류	옥수수분말 (유전자 재조합 옥수수 포함 가능성 있음)
치즈볼	과자류	옐로우옥수수 (유전자 재조합 옥수수 포함 가능성 있음)
체스맨	과자류	유전자 재조합 옥수수 포함 가능성 있음
유러피언데니쉬	빵류	탈지대두분말 (유전자 재조합 대두 포함 가능성 있음)
버라이어티 머핀 A SET	빵류	크림케익베이스 (옥수수전분: 유전자 재조합 옥수수 포함 가능성 있음) 펠렛프렌치토스트 (옥수수분말: 유전자 재조합 옥수수 포함 가능성 있음)
버라이어티 로프케익	빵류	크림케익베이스 (옥수수전분: 유전자 재조합 옥수수 포함 가능성 있음)
오빌 랜던바터 전자레인지 팝콘-무비티어 버터	팝콘용 옥수수 가공품	팝콘 (옥수수전분: 유전자 재조합 옥수수 포함 가능성 있음)

경제정의실천시민연합 소비자정의센터 2013년 10월 발표

옥상 텃밭 찾아온
꿀벌 봤니?

박은진
(국립생태원 생태보전연구실장)

권력자들의 정원에서 시민들의 공원으로

공원은 서양 중세 시대에 왕족과 귀족이 사냥을 즐기려고 벽이나 울타리를 두른 일정한 면적의 땅에서 출발했습니다. 16세기가 지나면서 르네상스 시대에는 상류층 사람들이 사는 대저택의 잘 가꾼 정원으로 발전해 부와 명예를 내세우는 수단이 됐습니다. 산업혁명 이후 왕족과 귀족들이 소유한 정원이 개방돼 시민들이 여가를 즐기는 장소로 쓰이면서 비로소 공원이 제구실을 하게 됐습니다. 그 뒤 도시가 점점 커지고 인구가 늘어나 환경이 나빠지면서 도시 계획 차원에서 공원을 만들어 시민들이 스포츠와 여가 활동을 즐기는 공간으로 이용하게 하는 등 공원의 다양한 기능이 강화됐습니다. 도시화가 진행되면서 자연환경이 훼손되고 자연 지역이 줄어들자 중요한 서식지를 보호하려고 자연공원도 생겼습니다.

산업혁명 이후 공공이 주도해 만든 공원은 도시의 정체성과 미관을 생각했습니다. 개인 정원이 없고 빈민이 모여 사는 공동 주택 지역에 먼저 공원을 만드는 경우가 많았습니다. 이런 공원은 시민의 보건 위생을 생각한 스포츠 활동 등 여러 공적 기능을 강조했습니다. 영국이나 독일 등 유럽 국가들과 미국은 19세기 중반과 20세기 초반 도시공원법을 만들어 필요한 공원의 면적, 배치, 시설 등 공원 계획과 관리를 구체적으로 정했습니다.

불평등하고 부정의한 도시 공원

한국은 '도시 공원 및 녹지 등에 관한 법률'에 따라 시민들이 쾌적한 삶을 누릴 수 있게 시장이나 군수가 때마다 공원 녹지 수요를 파악하고 조성 계획과 관리 계획을 만들어 실행하게 하고 있습니다. 공원 녹지 면적을 늘려 도시 환경을 쾌적하게 하고 휴식 공간을 만들려고 노력하지만, 처음부터 계획적으로 설계되지 않고 인구가 빠르게 늘어난 지역은 공원 녹지 면적이 매우 모자랍니다. 한 도시 안에서도 계획적으로 설계되지 않고 인구가 몰린 구도심 지역과 계획된 신도시 지역은 공원 녹지 면적에서 차이가 큰 경우가 많습니다.

한국은 1970년대와 1980년대에 압축 성장을 하면서 도시화가 빠르게 진행되고 도시 인구도 매우 빨리 늘었습니다. 구도심 지역은 계획적으로 도시가 형성되지 못한 채 인구가 모여들었는데, 재개발이나 재건축을 하지 않으면 자투리땅에 숲을 가꾸거나 작은 공원을 만드는 방식으로 약간 변화를 줄 수 있을 뿐 공원 면적을 크게 늘리는 데 한계가 있습니다.

한편 1990년대 이후 신도시가 만들어지고 재건축과 재개발이 활발해지면서 신도시 지역에 공원이 많이 만들어졌습니다. 따라서 지역적 불균형도 커지게 됐습니다. 공원 자체는 모든 사람에게 개방된 공유지이지만, 공원에 얼마나 가깝나 또는 공원을 이용하기 편한가가 주변 토지와 주택의 재산 가치에 영향을 줍니다. 공원 접근성과 이용 가능성이 떨어지는 지역은 상대적으로 낮은 소득 계층의 사람들이 살 가능성이 높아졌습니다.

안양시와 성남시에서 구도심과 신도시 지역의 1인당 공원 녹지 면적을 비교했습니다. 안양시 구도심 지역의 공원 면적은 신도시 지역 공원 면적의 23퍼센트입니다. 성남시는 그 비율이 68퍼센트 정도로 지역적 불균형이 상대적으로 작습니다. 수원시, 안양시, 부천시에서 공원이 분포된 정도를 봐도 공원이 신도시 지역에 몰려 있고 구도심 지역에는 모자랍니다. 수원시는 매탄동과 영통 신도시에, 안양시는 평촌 신도시에, 부천시는 중동 신도시에 공원이 많이 몰려 있습니다.

공원 녹지는 다양한 환경 기능과 문화 기능을 갖고 있습니다. 또한 기후변화로 도시 열섬 현상이 심해지면서 더 중요해졌습니다. 산림, 농경지, 하천, 습지, 도시 공원 등 녹지에서 멀어지면 멀어질수록 도시 열섬 현상이 상대적으로 더 심해진다고 가정해 수원시, 안양시, 부천시에

구도심과 신도시의 공원 면적 불균형

자료: 성현찬, 〈도시공원의 불균형 배치 개선방안 연구〉, 경기개발연구원, 2009

공원의 불균형 배치 사례

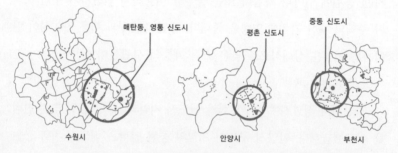

자료: 박은진·강규이·남미아, 〈도시열섬 완화를 위한 옥상녹화 활성화 방안〉, 경기개발연구원, 2010

공원 녹지 분포에 따른 도시 열섬 적응 능력의 차이

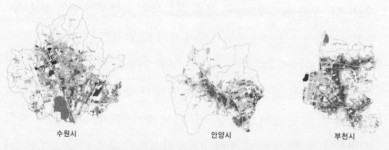

자료: 박은진·남미아, 〈도시열섬 적응능력 제고를 위한 옥상녹화 중점지역 선정 방안〉, 《한국환경복원기술학회지》, 2014

서 도시 열섬 적응 능력ACHI, Adaptation Capacity against Heat Island을 계산했더니 녹지가 모자라 도시 열섬 적응 능력이 낮은 곳은 모두 구도심에 속했습니다. 이런 곳에 집중해 옥상 정원 등 기후변화에 적응할 다양한 수단을 실험해야 합니다.

도시 텃밭과 게릴라 가드닝 — 내가 사는 도시에 내가 만드는 숲

귀족의 향유 공간이던 공원이 모든 사람에게 개방되고 빈민의 보건과 위생을 개선하기 위한 활동 공간으로 발전한 점에서 보면 공원은 평등을 중요한 가치로 삼고 있습니다. 도시 안에서 공원이 불균형하게 배치되지 않게 계획적으로 조성하고 관리하는 제도도 자리를 잡았습니다. 그러나 어느 나라보다 토지가 비싸고 도시 인구가 빠르게 늘어난 한국에서 구도심과 신도시 지역의 공원 불균형 문제를 해결하는 데는 한계가 있습니다. 이 문제를 풀 수 있는 방법은 무엇일까요?

어느 정도 넓이를 갖춘 공원을 확보하기 어려운 구도심은 조금 다른 관점에서 공원 녹지 공간을 바라봐야 합니다. 시야가 탁 트인 넓고 열린 공간만 중요한 게 아닙니다. 물리적인 공간의 크기보다 어쩌면 꽃과 나무가 만드는 아름다운 경관 요소와 체험 요소, 다양한 공동체 활동 등 일상에서 체험하고 즐기는 녹색 활동의 크기가 중요합니다. 그래서 구도심은 넓고 열린 공간을 대신해 작은 녹지 공간이라도 일상에서 내 손이 닿는 아주 가까운 곳으로 옮겨오는 게 좋습니다. 내 손이 닿는 녹지 공간이란 어떤 것일까요? 또 내가 만드는 일상의 녹지 공간이란 무엇일까요?

도시 텃밭과 게릴라 가드닝을 살펴보겠습니다. 요즘 주목받는 도시 텃밭은 지속 가능한 도시 생태계와 공동체를 만들고 안전한 먹거리를 추구하는 흐름에 관련됩니다. 미국은 '공동체 정원community garden'으로 부르고 영국은 '시민 농장allotment'로 부르는 도시 텃밭은 이미 오래전부터 제도화됐습니다. 미국은 퍼스트레이디인 미셸 오바마가 백악관에 텃밭을 만들고 주변 학교의 어린이들이랑 함께 유기농 채소를 키우는 등 건강하고 안전한 먹거리 운동을 펼치고 있습니다. 한국도 도시 농업의 육성 및 지원에 관한 법률이 2013년 3월에 제정돼 시행됐습니다. 곳곳에서 시민들이 자발적으로 참여한 도시 텃밭이 커가고 있습니다. 구도심에는 옥상과 자투리 공간 등 도시 텃밭에 활용할 공간이 많습니다. 지금은 몇몇 개인이 먹거리를 키우거나 방치되는 경우가 많지만, 도시를 아름답게 꾸미고 나비와 꿀벌이 찾아드는 생태 공간으로서 텃밭은 중요합니다. 먹거리를 키울 뿐 아니라 공동체 교육과 소통의 공간으로 쓰이는 도시 텃밭은 구도심의 부족한 공원 문제를 해결하는 데 도움이 될 수 있습니다.

게릴라 가드닝은 또 다른 유형의 도심 녹색 문화 운동으로 주목받고 있습니다. '허가받지 않은 공간에 남몰래 식물을 심는 행위'를 말하는 게릴라 가드닝은 1973년 뉴욕에서 화가 리즈 크리스티와 친구들이 버려진 땅을 공공 미술에 결합해 정원으로 바꾸는 활동을 시작하면서 처음 쓰였습니다. 그 뒤 세계 곳곳으로 퍼져 30여 개국에서 게릴라 가드닝 활동을 하는 단체가 생겨났는데, 영국 런던에서 활동하던 게릴라 가드너 리처드 레이놀즈 덕분에 더 유명해졌습니다. 게릴라 가드너들은 정말 게릴라 투사들처럼 주로 밤에 몰래 버려져 쓰레기가 쌓이는 땅을 정리하고 식물을 심어 매력적인 공간을 선물합니다. '총 대신 꽃을 들고 싸운다'는 모토처럼 정말 총이나 수류탄 모양의 씨앗 폭탄을 만들어 필요한 공간에 던지기도 합니다. 보통 도시의 녹지 공간이 도시 계획에 따라 하향식으로 제공된다면, 게릴라 가드닝은 합법성에 상관없이 작은 의지들이 모여 먼저 공간을 차지한 뒤 녹지 공간을 꾸며 결국 인정을 받는 방식입니다.

몇 년 전 한국에도 게릴라 가드닝이 소개됐습니다. 리처드 레이놀즈가 쓴 《게릴라 가드닝》이 2012년에 번역되면서 관심을 끌기 시작했습니다. 주로 젊은이들이 중심이 돼 서울 홍익대학교, 이화여자대학교, 건국대학교 주변 곳곳에서 게릴라 가드너 활동을 펼쳤습니다. 커뮤니티를 이용한 도시 녹화와 공공 미술이 결합된 게릴라 가드닝도 구도심의 나쁜 환경을 능동적으로 변화시키는 데 도움이 될 겁니다.

사람들이 게릴라 가드닝에 매료되고 흥미를 느끼는 이유는 여러 가지입니다. 게릴라 가드닝은 일상에서 접하는 생활 공간 속에서 내가 만드는 작고 은밀한 반란입니다. 자연을 배제한 건축과 무분별한 도시 계획이 만들어낸 삭막한 도시 풍경을 거부한다는 의지를 드러내는 일입니다. 또한 작지만 성공적인 변화가 주는 신선함과 파급 효과를 즐기는 일종의 놀이입니다. 게릴라 가드닝은 나 혼자 또는 마음에 맞는 몇몇 친구들이랑 힘을 합쳐 시작할 수 있을 정도로 작은 일이지만, 그동안 일방적으로 주어진 공간과 삶의 양상을 바꾸는 새로운 사회운동의 가능성을 갖고 있습니다. 우리 속에 숨어 있는 주도적 변화의 기운과 공동체적 연대 의식이 결합하게 자극하기 때문입니다.

리처드 레이놀즈의　　　　수류탄 모양의 씨앗 폭탄　　　　　게릴라 가드너들
《게릴라 가드닝》.　　(http://www.guerrillagardening.be/).　(http://politicalstencils.wordpress.com/).

　　도시 텃밭과 게릴라 가드닝은 그동안 공공이 계획적으로 만든 하향
식의 수동적 공간이 아니라 능동적으로 내가 참여하고 만들어 누리는
공간을 꿈꿉니다. 또한 도시 계획의 틀에 갇힌 공원 계획의 한계를 보완
하는 데 이바지할 수 있습니다. 이때 공공은 공동체의 능동성과 자발성
을 유도하고 지원하는 구실을 해야 합니다.

빌딩숲 속의 젊은 농부들

회색 빌딩숲 속에서 생활하는 현대 도시민들은 땅을 밟고 식물을 키우고 가족이 함께 노동하면서
정서적 안정감과 수확의 기쁨을 느낄 수 있습니다. 특히 아이들에게 생태 교육의 기회를 줄 수 있
습니다. 무엇보다 도시민들에게 텃밭과 녹지는 '쾌적한 환경을 누릴 권리'인 환경권의 측면에서 중
요한 의미가 있습니다.

환경정의는 도시 농업 운동을 진행하면서 다양한 방식으로 도시에서 농사 짓기에 도전하는 젊은
농부들을 만났습니다. 그중 도시 힐링, 로컬 푸드, 유기 자원을 활용한 자원 순환을 목표로 도심 옥
상에 텃밭을 일구고 농사를 짓고 있는 파릇한 젊은이들 '파절이 협동조합'을 소개합니다.

공중 텃밭을 일구는 파릇한 젊은이 '파절이'

파절이 협동조합은 운영진 7명, 조합원 30여 명, 회원 100여 명이 참여하고 있는 도시 농업 협동조
합입니다. 2011년 몇몇 뜻있는 젊은이들이 모인 모임에서 시작해, 지난해 서울의 한강 노들 텃밭에
서 공동 텃밭을 운영하고 농산물을 자전거로 직접 배달하는 방식으로 로컬푸드 실험을 시작했습니
다. 지금은 홍대 주변의 카페에 잎채소, 당근, 고구마 등을 일주일에 한 번 1킬로그램 정도 공급하
고, 노들 텃밭에서 결손 가정 체험 행사도 진행하고 있습니다.

도시 문화다운 농사의 새로운 스타일

농사 경험이 모자란 도시 젊은이들이 이런저런 참신한 도전을 거듭하며 도심 옥상에 텃밭을 올리고
재미있는 농업을 시도하고 있습니다. 광흥창역 주변 건물의 옥상에 텃밭을 만들고 블로그의 캘린더
를 활용해 당번과 관리자 신청을 받아 회원들이 돌아가며 관리를 합니다. 옥상 텃밭을 만들면서 처
음 옥상에 흙을 올리는 일부터 퇴비 만들기 등 어려움이 많았지만, 회원들이 적극 참여하고 주민들
의 도움을 받아 흙 15톤을 올리고 아기자기한 텃밭을 꾸며 옥상 농사를 시작할 수 있었습니다. 재
활용품을 이용해 만든 옥상 텃밭에 허브와 여러 가지 채소를 키우고, 조합원들을 초대해 '가드닝
파티'를 열어 수확물을 나눠 먹는 재미도 즐기고 있습니다.

파절이 협동조합은 도시 생활에 익숙한 젊은이들이 함께 모여 공부하고 경험하는 과정에서 성공적
인 도시 농업의 지향점인 로컬푸드와 자원 순환을 고민하며 새로운 도시 농업을 완성해가고 있습니
다.

녹조 라테 제조기 4대강 보가
홍수 막아줄까?

박용신
(환경정의 사무처장)

단군 이래 최대 국책 사업으로 불린 4대강 사업. 건설 공사에 국민 세금
이 22조 원이나 들어갔고, 지금도 수자원공사가 낼 이자를 대주느라 해
마다 3000억 원을 쏟아붓고 있습니다. 4대강 유역에 설치된 보나 관련
시설을 운영하는 데도 수천 억 원씩 빠져나가고 있습니다. 더 큰 문제는
이 많은 돈을 언제까지 쏟아부어야 할지 아무도 모른다는 사실입니다.

겉 다르고 속 다른 어느 대통령의 대운하 짝사랑

4대강 사업을 몰아붙이면서 이명박 대통령과 국토해양부는 물을 맑

게 하고 홍수와 가뭄을 완벽히 해결할 수 있다고 장담했습니다. 그런데 정말 4대강 물은 깨끗해지고 홍수와 가뭄을 완벽히 막고 있을까요? 환경 단체와 전문가들이 한목소리로 호소한 대로 아무 도움이 되지 않았을까요? 4대강이 깨끗해지고 홍수와 가뭄을 완벽히 막는다면 22조 원이 그렇게 아깝지 않을 텐데 말입니다. 결론부터 이야기하면 4대강 사업에 찬성한 사람들이 한 주장은 전혀 틀렸습니다.

4대강은 '녹조 라테'라는 말을 낳을 만큼 물 상태가 나빠졌습니다. 홍수와 가뭄을 막는 데도 전혀 도움이 되지 않았습니다. 4대강의 물이 나빠진 이유는 보 16개를 세운 뒤 물 흐르는 속도가 느려져 오염이 심해진 탓입니다. 보 16개 때문에 4대강은 흐르는 강물이 아니라 호수로 바뀌었고, 늦가을이나 초겨울에 녹조를 걱정해야 할 정도로 오염되고 있습니다. 물그릇을 넓힌다는 핑계로 4대강 본줄기의 바닥을 파헤치는 바람에 지류에서는 역행 침식이 일어나고 비가 조금만 내려도 큰 피해를 겪었습니다. 4대강 사업이 끝나가던 2012년에는 한반도에 104년 만에 큰 가뭄이 닥쳤지만 보 16개에 담아놓은 물 8억 톤은 아무런 도움이 되지 못했습니다. 이게 4대강 사업의 진실입니다.

진실은 그동안 꼼꼼히 가려졌습니다. 그렇지만 손바닥으로 하늘을 가려도 오랫동안 버틸 수는 없습니다. 2012년 말 감사원이 발표한 감사 결과에 따르면 4대강 사업은 총체적인 부실 사업이고, 4대강에 만든 보는 부실투성이이며, 심각한 수질 오염 등이 염려된다고 합니다.

겉으로는 운하를 포기한다고 말한 대통령은 4대강 사업을 추진하면서 한반도 운하 계획에 맞게 수심을 6미터에 맞추라고 지시했습니다. 또한 4대강 사업을 하게 되면 수질이 나빠진다는 시뮬레이션 결과를 알면서도 이런 사실을 감추고 국민을 속였습니다. 공사 업체들은 담합을 저질러 1조 원이 넘는 세금을 떼어먹는 등 많은 잘못을 저질렀습니다. 이게 끝이 아닙니다. 4대강 사업은 흔히 양파에 견줍니다. 벗기면 벗길수록 새로운 비리가 나오기 때문이죠. 4대강 사업, 단군 이래 최대의 대국민 사기극입니다.

신장개업 4대강, 8억 톤짜리 큰 물그릇

환경정의의 시각에서 보면 토지와 물을 포함한 자연자원을 이용하고 개발하는 과정에서 피해를 받을 수 있는 사회적 약자들을 되도록 줄여야 합니다. 사회적 자원을 나눌 때는 가장 급박한 위험을 겪고 있는 사회적 약자에게 먼저 눈을 돌려야 합니다. 4대강 사업은 이런 원칙을 정면으로 거슬렀습니다. 가뭄을 해결할 대책이라고 하면서 가뭄이 잘 일어나지 않는 4대강 본줄기에 물을 가둬놓았습니다. 홍수를 막을 대책이라고 둘러댔지만, 홍수 피해가 심각한 곳은 4대강 유역하고 전혀 관계가 없었습니다.

정부는 4대강 사업의 가장 큰 목표가 물 확보라고 했습니다. 강바닥을 파헤쳐 물그릇을 키우고 보를 만들어 그 물을 가두면 된다고 말했습니다. 큰 물그릇은 홍수 예방에 도움이 되고, 보에 가둔 물은 가뭄을 해결하는 데 도움이 된다고 주장했습니다.

언뜻 보면 맞는 말입니다. 그러나 사실 완전히 틀린 말입니다. 물을 모아 잘 활용하는 일은 매우 중요합니다. 또한 한반도의 기후변화가 지구 어느 곳보다 빠르게 진행되고 있기 때문에 이런 상황에 걸맞은 홍수나 가뭄 대책을 당연히 마련해야 합니다. 그런데 물은 특성상 이동이 어렵다는 단점이 있습니다. 그래서 문제가 일어난 곳 근처에 있는 물이 아니면 아무런 소용이 없습니다. 4대강 사업으로 낙동강에 아무리 물을 많이 모아놓아도 강원도 태백에서 일어난 가뭄을 해결하는 데 아무 소용이 없는 겁니다.

좀더 구체적으로 살펴보겠습니다. 이 사업 때문에 4대강의 보 16개에 모아놓은 물이 8억 톤이나 됩니다. 가뭄이 일어났을 때 이 물을 어떻게 썼을까요? 가뭄 때 가장 먼저 피해를 입는 곳은 농경지입니다. 가뭄에 대비한 양수장이 전국에 6686개가 있습니다. 절반은 농어촌공사가 맡고 나머지 절반은 시나 군 등 지자체가 맡습니다. 이 중 4대강 본줄기에서 물을 끌어오는 저수지가 몇 개나 될까요? 4대강 홍수통제소 자료를 보면 4대강 본줄기에서 물을 끌어오는 양수장은 한강 26개, 낙동강 136개, 금강 73개, 영산강 72개로 모두 307개뿐입니다. 전체 양수장 6686개 중 4.6퍼센트밖에 안 된다는 말입니다. 4대강에 아무리 물을 많이 가둬놓아도 멀리 떨어진 곳에서 일어난 가뭄을 해결하는 데 아무 도움이 되지 않습니다. 이명박 정부는 4대강에서 직선거리 5킬로미터 안에 있는 양수장이 2900개나 되기 때문에 가뭄에 큰 도움이 됐다고 주장했습니다. 그러나 가까운 곳에 양수장이 있어도 아무 소용이 없었습니다. 그곳까지 물을 보낼 방법이 없었기 때문입니다. 쓸모없는 4대강 사업을 벌일 게 아니라 양수장에 물을 댈 수 있는 농업용 저수지를 늘리고 고쳐야 가뭄을 해결할 수 있습니다.

또 다른 사례를 봅시다. 2012년 6월 하순 두 달 동안 가뭄이 든 강원도 춘천 조연저수지에서는 물이 말라 저수지 바닥이 갈라지고 피라미들이 말라죽었습니다. 강원도에 있는 저수지 79개 중 38개의 저수율이 50퍼센트를 밑돌았습니다. 4500헥타르가 넘는 농경지에 제한 급수를 했는데, 4대강의 보에 모아놓은 어마어마한 물은 아무 도움이 되지 않았습니다. 가둬놓은 물을 멀리 떨어진 강원도 곳곳에 보내줄 방법이 없었기 때문입니다.

2012년 6월의 초여름, 전국에 가뭄이 닥쳐왔습니다. 그때는 4대강에 만드는 보 공사가 다 끝나 말 그대로 물이 8억 톤이나 담겨 있었습니다. 그런데도 한반도는 104년 만에 오는 대가뭄 때문에 곳곳의 논밭이 타들어갔습니다. 대통령과 국토해양부의 주장이 맞다면 가뭄을 완벽히 막을 수 있어야 하는데, 4대강에 담아둔 물은 전혀 도움이 되지 않았습니다. 가뭄이 일어난 곳이 4대강 유역에서 아주 멀리 떨어져 있기 때문입니다. 그리고 애초에 4대강 주변은 가뭄이 일어나지 않습니다. 아무리 가뭄이 심해도 4대강 본줄기가 말라버리는 일은 거의 없기 때문입니다. 4대강 사업에 쏟아부은 22조 원 중 조금이라도 덜어 상류나 지천에 소규모 저수 시설을 지었다면 피해를 훨씬 더 줄일 수 있었습니다.

바로 그때 지구 반대편 브라질에서 유엔 지속 가능 발전 정상회의가 열려 100여 개국 정상이 자기 나라의 지속 가능 발전 전략을 소개하는 연설을 했습니다. 이명박 대통령은 4대강 사업을 주제로 연설을 하며 이렇게 주장했습니다. "한국은 4대강 사업으로 홍수와 가뭄 피해를 완벽하게 방어하고 있습니다."

104년 만에 닥친 가뭄으로 온 국토가 타들어가는 판국에 대통령은 세계 196개국 정부 관계자들이 지켜보는 자리에서 참으로 어이없는 연

최근 10년 동안의 홍수 피해액

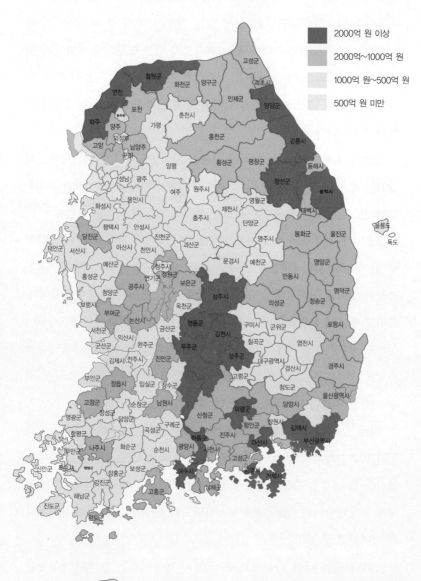

자료: 국토연구원 2007

설을 하고 있었습니다. 브라질 현지에서 그 말을 들은 엔지오 관계자들은 화를 참지 못했고, 황당해 어쩔 줄 몰랐습니다.

홍수도 마찬가지입니다. 정부는 홍수 피해 방지가 4대강의 목적이라고 주장했지만, 4대강 사업이 시작되기 전 10년 동안 홍수 피해액은 동해안과 남해안 연안, 경기 북부, 영남 내륙을 중심으로 크게 나타났습니다. 홍수 때문에 일어난 인명 피해 분포도 재산 피해액하고 크게 다르지 않습니다. 전문가들은 태풍의 경로와 백두대간 산악 효과 때문에 이런 결과가 나타난다고 분석하는데, 다만 경기 북부는 장대비가 내려 입은 피해입니다. 이 지역들의 가장 큰 공통점은 무엇일까요? 4대강 유역하고 전혀 관계없다는 사실입니다. 주로 산간 지대와 4대강 본줄기가 아닌 지천 유역에서 홍수 피해가 컸습니다. 홍수 피해를 막으려면 4대강 본줄기보다 지천의 물길을 먼저 손봐야 합니다.

무너지는 4대강, 침식되는 환경정의

4대강 사업은 홍수 피해를 막지 못했을 뿐 아니라 오히려 지천의 홍수 피해를 더 키웠습니다. 보 16개에 물을 8억 톤이나 가둬놓으려고 수심을 모두 6미터로 맞춰야 했고, 이 수심을 맞추려고 엄청난 흙을 파냈습니다. 그러다 보니 4대강 본줄기와 지류 사이에 강바닥 높이가 달라졌습니다. 4대강 본줄기의 바닥 높이가 지류보다 지나치게 낮다보니 물의 흐름에 따라 지류의 하류부터 서서히 침식이 일어나 상류까지 침식이 진행되는 이른바 역행 침식이 진행됐습니다. 모래가 점점 쓸려 내려가 바닥 높이가 낮아진 겁니다. 그런데 모래가 쓸려 내려가면 모래가 지탱하던 시설물이나 구조물이 갈라지거나 무너지는 현상이 일어납니다.

2011년 남한강 유역에서 한천에 있는 제방이 20여 미터 무너지고, 소양천 합류점에서 돌망태 바닥 보호공이 떠내려가고, 여주 연양천 하류에서 신진교가 무너졌습니다. 낙동강에서 왜관 철교가 무너지고 장천교에서 다리 기둥이 파인 것도 강바닥을 너무 많이 파낸 탓입니다. 금강이나 영산강에서도 역행 침식으로 바닥 보호공이 떠내려가고, 다리 기둥이 파이고 갈라진 사례가 많았습니다. 4대강 사업 뒤 홍수 피해는 갈수록 커지고 있습니다.

거듭되는 가뭄과 홍수 피해에서 구제되고 도움을 받아야 할 시민들이 대통령의 허황된 욕심 때문에 보호받지 못하는 환경 약자가 됐습니다. 재난 피해를 복구하는 데 쓰일 예산이 엉뚱한 곳에 들어가면서 시민들은 환경부정의 상황에 놓이게 됐습니다. 이런 상황은 바로 잡기가 쉽지 않습니다. 어느 정부든 새로운 정책을 구상할 때 그 정책 때문에 어떤 환경 피해가 일어날 수 있는지 빈틈없이 분석해야 합니다. 소외되는 사람은 없는 정책인지, 정말 정의로운 정책인지 깊이 고민해야 합니다.

1장. 환경정의의 정의 — 혜택도 샘샘, 피해도 샘샘

Bryant, B. 1995. *Environmental Justice: Issues, Policies, and Solutions*. Washington D.C: Island Press.

Bullard, Robert D. 1990. *Dumping in Dixie: Race, Class, and environmental Quality*. Boulder, Co.: Westview Press.

Commission for Racial and Justice. 1987. *Toxic Wastes and Race in the United States: A National Report on the Racial and Socioeconomic Characteristics of Communities with Hazardous Waste Sites*. New York: United Church of Christ.

Mohai, P. and B. Bryant. 1992. "Environmental Racism: Reviewing the Evidence." B. Bryant and P. Mohai(eds.), *Race and the Incidence of Environmental Hazards: A Time for Discource*. Boulder: Westview.

U.S. Environmental Protection Agency(EPA) Office of Policy, Planning, and Evaluation. 1992. *Environmental Equity: Reducing Risk for all Communities 1, 2*. EPA-230-R-92-008A. Washington, D.C.: U.S. EPA.

반영운. 2007. 〈환경정의지표개발〉. 《도시행정학보》 20(3).

2장. 온실가스와 환경정의 — 1 대 625, 뜨거운 지구가 좋아?

이진우. 2011. 〈기후정의운동이란 무엇인가: 역사와 논리, 그리고 현황〉. 《에너진 포커스》 28호.

Friends of the Earth International et al. 2002. "Bali Principles of Climate Justice."

Stern, Nicholas. 2006. "Stern Review on the Economics of Climate Change."

UNDP. 2007. "Fighting climate change: Human solidarity in a divided world." *Human Development Report 2007/2008*.

Wheeler, David. 2011. "Quantifying Vulnerability to Climate Change: Implications for Adaptation Assistance." Center for Global Development Working Paper 240.

3장. 핵발전소와 환경정의 — 2만 4000년이라는 세월은 너무도 길어!

고이데 히로아키. 2012. 《후쿠시마 사고 Q&A — 핵발전과 방사능》. 무명인.

김명진 외. 2011. 《탈핵 — 포스트 후쿠시마와 에너지 전환 시대의 논리》. 이매진.

신훈민. 2013. 〈보상 및 지원방안을 중심으로 본 송변전설비 주변지역의 보상 및 지원에 관한 법률(안)의 문제점과 대안〉. 국회의원 김제남 등, 녹색당, 전국송전탑반대 네트워크 공동 주최 '송주법, 송전탑 갈등의 대안인가?' 발표문.

윤순진. 2007. 〈생태민주주의의 전망과 과제〉. 《ECO》 11(2). 207~245쪽.

Beck, Ulrich. 1992. *Risk Society: Towards a New Modernity*. SAGE Publication.

Ferguson, Charrles D. 2011. *Nuclear Energy — What everyone needs to know*. Oxford: Oxford University Press.

Hippel, Frank von. 2010. "International impact of U.S, spent-fuel policy." Prepared statement to the Blue Ribbon Commission on America's Nuclear Future.

4장. 에너지 빈곤과 환경정의 — 가난한 사람들이 더 비싼 에너지 쓴다고?

고재경 외. 2013. 〈경기도 생활환경복지 지표 개발연구〉. 경기개발연구원.

보건복지부. 2012. 〈체감온도 1도 떨어지면, 저체온증 환자 8퍼센트 증가〉. 보도참고자료 2012년 12월 11일.

송유나. 2011. 〈에너지빈곤층과 에너지기본권 보고서〉. 공공연구소.

조복현. 2011. 〈저소득층 에너지복지사업의 도시정책적 효과 평가〉. 세종대학교 대학원 부동산학과 석사 학위 논문.

진상현·박은철·황인창. 2009. 〈서울시 에너지복지 정책 방향〉. 서울연구원.

5장. 쓰레기와 환경정의 — 오늘 내가 버린 쓰레기는 어디로 가는 걸까?

김정훈. 2013. 〈수도권매립지 대안은 없는가?〉. 국회 토론회 자료집 《2400만 명이 이용하는 수도권매립지 무엇이 문제인가?》(2013년 3월 27일).

유기영. 2013. 〈수도권매립지 주변지역에 대한 지원방안〉. 국회 토론회 자료집 《2400만 명이 이용하는 수도권매립지 무엇이 문제인가?》(2013년 3월 27일).

이상헌. 2001. 〈물이용을 둘러싼 환경갈등의 담론 분석: 위천국가산업단지 관련된 갈등사례를 중심으로〉. 서울대학교 대학원 박사 학위 논문.

최병두. 2002. 《환경갈등과 불평등: 한국 환경문제의 재인식》. 한울.

6장. 화학 물질과 환경정의 — 지역사회 알 권리? 지역사회 살 권리!

노동환경건강연구소·환경운동연합 등. 〈구미불산유출사고 리포트〉. http://report.safedu.org.

노동환경건강연구소. 2012. 〈(주)휴브글로벌 불산유출 사고로 인한 불소농도 측정 결과〉.

이윤근. 2014. 〈화학물질관리 및 지역사회 알권리법안의 의미〉. 화학물질감시네트워크(가칭) 발
    족을 위한 참여단체 간담회 자료집.

환경부. 2007. 〈유해화학물질사고사례집〉.

환경부. 2013. 〈화학사고대비 관리·정책방향〉.

환경부. 2012. 《환경통계연감》.

환경부. 환경통계포털. http://stat.me.go.kr.

7장. 공장과 환경정의 — 소리 없이 세상을 움직이려면 쇳가루 마셔라?

김민정. 2009. 〈자본주의적 환경 오염과 환경 불평등 — 포스코 광양 제철소 인근 지역을 중심
    으로〉. 성공회대학교 대학원 사회학과 박사 학위 논문.

광양시. 2004. 〈광양만권 대기환경 개선실천계획 보고서〉.

포항종합제철주식회사. 1994. 〈광양제철소 공장증설사업 환경영향평가서〉.

포스코. 2007. 〈2006 지속가능성 보고서〉.

환경운동연합. 2004a. 〈기업감시팀 기자회견서〉(2004년 4월 24일).

_____. 2004b. 〈국회 환경노동위원회, 포스코 광양 제철소 증인신문에 관한 성명서〉.

8장. 대기 오염과 환경정의 — 먼지가 되어 날아가야지 바람에 날려!

경기개발연구원. 2010. 〈미세먼지와 건강영향〉.

임종한·김선태·최예용·홍윤철. 2003. 〈샘플러와 생체시료를 통한 대기 오염노출 평가와 건강
    영향 조사〉. 한겨레-환경운동연합 보고서.

Brauer, M., Hoek, G., Van Vliet, P., Meliefste, K., Fischer, P. H., Wijga, A., Koopman, L. P.,
    Neijens, H. J., Gerritsen, J., Kerkhof, M., Heinrich, J., Bellander, T., Brunekreef, B. 2002.
    "Air pollution from traffic and the development of respiratory infections and asthmatic
    and allergic symptoms in children." *Am J Respir Crit Care Med* 166(8). pp. 1092~1098.

Ha, EH, Lee JT, Kim H, Hong YC, Lee BE, Park HS, Chrisiani DC. 2003. "Infant susceptibility
    of Mortality to air pollution in Seoul, South Korea." *Pediatrics* 111. pp. 284~290.

Morgenstern, V., Zutavern, A., Cyrys, J., Brockow, I., Gehring, U., Koletzko, S., Bauer, C. P.,
    Reinhardt, D., Wichmann, H. E., Heinrich, J. 2007. "Respiratory health and individual

estimated exposure to traffic-related air pollutants in a cohort of young children." *Occup Environ Med* 64(1), pp. 8~16(Epub 2006 Aug 15).

Solomon, G. M., Campbell, T. R., Feuer, G. R., Masters, J., Samkian, A., Paul, K. A. 2001. "No Breathing in the aisles; Diesel Exhaust Inside School Buses," Natural Resources Defense Council, Coalition Clean Air.

Son JY, Kim H, Lee JT, Kim SY. *Relationship between the Exposure to Ozone in Seoul and the Childhood Asthma-related Hospital Admissions according to the Socioeconomic Status.* Journal of preventive medicine and public health 2006;39(1):81-86.

9장. 아토피와 환경정의 — 아토피는 유전이 아니라고?

다음을지키는사람들. 2002. 《아토피를 잡아라》. 시공사.

박창섭. 2007. 〈유·초등생 30% 아토피 끙끙〉. 《한겨레》 2007년 8월 17일.

여성환경연대. 2008. 〈환경관리사 양성 교육자료집〉.

지속가능발전위원회. 2004. 〈환경성 질환 관리를 위한 환경보건정책워크숍 자료집〉.

환경부. 2008. 〈아토피유발 화학물질 관리정책 수립〉. 한국환경정책평가연구원.

10장. 먹거리와 환경정의 — 채소랑 과일 얼마나 자주 먹니?

김혜경·현성민·권은주·김희철. 2008. 〈취약지역 빈곤아동의 인구사회학적 특성별 건강행동 변화단계의 분포〉. 보건교육, 건강증진학회지, 25(3): 59~76쪽.

모상현, 김영지, 김희진, 정익중, 김미영. 2009. 〈경제위기에서 빈곤아동 청소년의 생활실태연구〉. 한국청소년정책연구원 연구보고, 한국청소년정책연구원.

박은진, 고재경, 이수행, 이양주, 2013. 〈안심식탁을 위한 먹거리 정책방향〉. 경기개발연구원, 이슈&진단, 8월

심재은, 윤지현, 이기원, 권수연, 2009. 〈식사구성안을 이용한 저소득층 학령기 어린이의 식생활 평가-2001년 국민건강영양조사자료분석〉. 한국영양학회지, 42(8):697~701쪽.

조지은, 박혜련, 전수빈, 김진실, 박고은, 이 영, 임영숙, 황진아. 2013. 〈한국 청소년의 사회인구 학적 요인과 식품섭취빈도와의 관련성 연구: 제7차 (2011) 청소년건강행태온라인 조사를 이용하여〉. 대한지역사회영양학회지. 18(2):165~176쪽.

최해림, 권수연, 윤지현, 2011. 〈편의점을 통한 결식아동급식사업: 서울시의 현황 및 판매 식사류의 영양적 질〉. 대한지역사회영양학회지 16(2):253~264쪽.

United States Department of Agriculture[USDA], http://www.fns.usda.gov/sfsp/summer-food-service-program-sfsp

[cited 2014.Mar 3]

United States Department of Agriculture[USDA]: Child&Adult Care Food Program.

http://www.fns.usda.gov/end/care/programbasics/meal_patterns.htm

[cited 2014.Mar 3]

12장. 숲과 환경정의 — 옥상 텃밭 찾아온 꿀벌 봤니?

성현찬. 2009. 〈도시공원의 불균형 배치 개선방안 연구〉. 경기개발연구원.

박은진 · 강규이 · 남미아. 2010. 〈도시열섬 완화를 위한 옥상녹화 활성화 방안〉. 경기개발연구원.

박은진 · 남미아. 2014. 〈도시열섬 적응능력 제고를 위한 옥상녹화 중점지역 선정 방안〉. 《한국
     환경복원기술학회지》 17(1). 93~104쪽.

Reynolds, R. 2008. *On Guerilla Gardening: A Handbook For Gardening Without Boundaries.*
     Bloomsbury.

http://politicalstencils.wordpress.com/

http://www.guerrillagardening.be/

13장. 4대강과 환경정의 — 녹조 라테 제조기 4대강 보가 홍수 막아줄까?

4대강 조사위원회. 2012. 〈4대강 조사위원회 현장조사 및 활동보고서〉.

건설교통부. 2006. 〈수자원장기종합계획〉.

국토연구원. 2007. 〈재해에 안전한 국토기반 구축〉 정책 토론회.

국토해양부. 2009. 〈4대강 종합 마스터플랜〉.

녹색연합. 2012. 《그곳에, 강이 살고 있었네》. 녹색연합.

환경운동연합 등. 2012. 〈2012 '생명의강 연구단' 4대강 현장조사 보고대회 자료집〉.